Rodney Huddleston
Geoffrey K. Pullum

「英文法大事典」シリーズ

【編集委員長】畠山雄二

【監訳】藤田耕司・長谷川信子・竹沢幸一

The Cambridge Grammar of the English Language

形容詞と副詞

田中江扶
中島基樹
川﨑修一
飯沼好永
［訳］

開拓社

The Cambridge Grammar of the English Language

by Rodney Huddleston and Geoffrey K. Pullum

Japanese translation rights arranged with
the Syndicate of the Press of the University of Cambridge, England
through Tuttle-Mori Agency, Inc., Tokyo.

『英文法大事典』の刊行にあたって

英語をネタにして生計を立てている人の間で ‘CGEL’ といったら2つのものが思い浮かべられるであろう．*A Comprehensive Grammar of the English Language* (Quirk et al. (1985)) と *The Cambridge Grammar of the English Language* (Rodney Huddleston and Geoffrey K. Pullum (2002)) である．‘CGEL’ と聞いてこの2つが思い浮かべられないような人はモグリの英語ケンキュウシャといってもいいであろう．それぐらい，この2つの CGEL は英語をネタにして生計を立てている人（すなわち英語の教育者ならびに研究者）の間ではバイブル的な存在になっている．ちょうど，ちゃんと受験英語をやった人にとって『英文法解説』（江川泰一郎）が受験英語のバイブル的参考書であるように．

さて，この2つの CGEL であるが，*The Cambridge Grammar of the English Language* は，*A Comprehensive Grammar of the English Language* を踏み台にしてつくられている．踏み台とされた *A Comprehensive Grammar of the English Language* であるが，これはすでに一定の，そして非常に高い評価を受けており，英文法の「標準テキスト」となっている．しかし，*The Cambridge Grammar of the English Language* の編者の1人である Huddleston が，*Language*, Vol. 64, Num. 2, pp. 345–354 で同書を評論しているように，*A Comprehensive Grammar of the English Language* (Quirk et al. (1985)) には少なくない，しかも深刻な問題がある．

Huddleston のいうことをそのまま紹介すれば，*A Comprehensive Grammar of the English Language* (Quirk et al. (1985)) は ‘It will be an indispensable sourcebook for research in most areas of English grammar. Nevertheless, there are some respects in which it is seriously flawed and disappointing. A number of quite basic categories and concepts do not seem to have been thought through with sufficient care; this results in a remarkable amount of unclarity and inconsistency in the analysis, and in the organization of the grammar. (CGEL(Quirk et al. (1985)) は英文法を学ぶにあたり，ほとんどの分野において，今後なくてはならない，そして何か調べたいときはまず手にしないといけないものとなるでしょう．でも，CGEL (Quirk et al. (1985)) には看過できないミスや読んでいてガッカリするところがあります．かなり多くの基本的な文法範疇や概念が精査された上で使われているとは思えないところがあるのです．そして，その結果，分析にかなり多くの不明瞭さや不統一が見られ，英文法全体の枠組みもぼんやりして一貫性のないものになってしまっているのです)' なのである（同評論 p. 346 参照）.

A Comprehensive Grammar of the English Language (Quirk et al. (1985)) を批判した Rodney Huddleston が Geoffrey K. Pullum といっしょにつくった本，それが *The Cambridge Grammar of the English Language* (Rodney Huddleston and Geoffrey K. Pullum (2002)) である．このような経緯からもわかるように，*The Cambridge Grammar of the English Language* は *A Comprehensive Grammar of the English Language* を凌駕したものとなっている．*The Cambridge Grammar of the English Language* がまだ刊行されていない段階で *A Comprehensive Grammar of the English Language* が世界最高峰の英文法書であったように，*The Cambridge Grammar of the English Language* が刊行され，それを凌駕する英文法書がいまだ出ていない今日，*The Cambridge Grammar of the English Language* が今ある世界最高峰の英文法書であるといっても過言ではない．

さて，そのような世界最高峰の英文法書 *The Cambridge Grammar of the English Language* (Rodney Huddleston and Geoffrey K. Pullum (2002)) であるが，編者の Rodney Huddleston と Geoffrey K. Pullum は，ともに，広い意味での生成文法学派の研究者である．ただ，Huddleston はもともと Halliday 派の機能文法の研究者であったし，Pullum は一般化句構造文法

(GPSG) の創始者の 1 人でもある．このことからわかるように，*The Cambridge Grammar of the English Language* は生成文法系の編者によってつくられてはいるものの，言語をさまざまな観点から眺められる，そういったバランスのとれた編者によってつくられている．誰が読んでも，そしてどんな立場の人が読んでも，さらに素人ばかりでなくプロが読んでもいろいろ学べる世界最高峰の英文法書，それが *The Cambridge Grammar of the English Language* なのである．

上で触れたように，*The Cambridge Grammar of the English Language* は生成文法的なバックボーンとツールを用いて書かれている．しかし，あくまで英語という言語の記述がメインでテクニカルな説明はなされていない．生成文法や機能文法，そして認知言語学や一般化句構造文法などすべての現代言語学の文法理論を通してどれだけ英語を記述できるか，そしていかにして英語の真の姿に向き合えるか，そのような目的をもって書かれたものが *The Cambridge Grammar of the English Language* だともいえる．

The Cambridge Grammar of the English Language では，これまで生成文法などで等閑視されてきた言語事実がたくさん紹介されている．たとえば，いわゆる破格文がいろいろ紹介されているが，文法から逸脱したこのような文をいかに分析したらいいか，生成文法をはじめ認知言語学や機能文法，そして一般化句構造文法（GPSG）の後継者である主辞駆動句構造文法(HPSG) にとって大きな課題となるであろう．このように，*The Cambridge Grammar of the English Language* では破格文をはじめ，いわゆる規範文法を否定する例がたくさん紹介されているが，その意味でも，*The Cambridge Grammar of the English Language* は規範文法だけでなく理論言語学にも非常にチャレンジングなものとなっている．

本気で英語を勉強したり，真摯に英語に向き合ったり，さらには英語学を極めようと思っている人にとって避けては通れない本，それが *The Cambridge Grammar of the English Language* であるが，原著を読んだことがある人ならわかるように，かなり骨の折れる本である．骨が折れる理由は 2

つある．1 つは分量である．1860 ページあり，しかも重量が 3.1kg もある．これだけの分量を読むのは文字通り骨が折れる．

残るもう 1 つの骨が折れること，それは，*The Cambridge Grammar of the English Language* の英文と内容のレベルの高さである．*The Cambridge Grammar of the English Language* が英語ネイティブを読者として想定していることもあり，英語非ネイティブのためにやさしい英語を使って書かれてはいない．さらに内容もいっさい妥協せずクオリティの高いものになっている．ことばをことばで説明するというメタ言語的な内容も多いだけに，高度な英文読解力と論理的思考力が読み手に要求される．

骨を 2 つ折らないと *The Cambridge Grammar of the English Language* は読むことができない．暇人ならともかく，そしてかなり高い英語力がある人ならともかく，英語にあまり自信のない人が膨大な時間をかけて骨を 2 本も折るのはかなり酷なことである．そもそも，骨を 2 本折ったところで正しく読めていないのであればそれこそ骨折り損というものである．

そこで，皆さんの代わりに骨を折ってやろう！ということで刊行されたのが本シリーズ『英文法大事典』全 11 巻である．本シリーズを刊行するにあたり，合計 104 本の骨が折られることになった．つまり，本シリーズ『英文法大事典』全 11 巻を刊行するにあたり，総勢 52 名の方に参戦していただくことになった．

The Cambridge Grammar of the English Language を完訳するという無謀とも思えるプロジェクトに参加して下さった 52 名の方々には心から感謝する次第である．まず，監訳者の藤田耕司氏と長谷川信子氏，そして竹沢幸一氏の 3 氏に心から感謝申し上げる．各氏の厳しい原稿チェックがなければこれほどハイクオリティのものを世に出すことはできなかった．ちなみに，本シリーズはどの巻も 10 回以上のチェックを経た後に刊行されている．

各巻の責任訳者にも感謝申し上げたい．各巻のタイトルならびに責任訳者は次のとおりであるが，各巻の共訳者をうまくとりまとめていただいた．

第 0 巻『英文法と統語論の概観』(本田謙介) 原著 1 章と 2 章の翻訳
第 1 巻『動詞と非定形節，そして動詞を欠いた節』(谷口一美) 原著 3 章と 14 章の翻訳
第 2 巻『補部となる節，付加部となる節』(木口寛久) 原著 4 章と 8 章の翻訳
第 3 巻『名詞と名詞句』(寺田寛) 原著 5 章の翻訳
第 4 巻『形容詞と副詞』(田中江扶) 原著 6 章の翻訳
第 5 巻『前置詞と前置詞句，そして否定』(縄田裕幸) 原著 7 章と 9 章の翻訳
第 6 巻『節のタイプと発話力，そして発話の内容』(松本マスミ) 原著 10 章と 11 章の翻訳
第 7 巻『関係詞と比較構文』(岩田彩志) 原著 12 章と 13 章の翻訳
第 8 巻『接続詞と句読法』(岸本秀樹) 原著 15 章と 20 章の翻訳
第 9 巻『情報構造と照応表現』(保坂道雄) 原著 16 章と 17 章の翻訳
第 10 巻『形態論と語形成』(今仁生美) 原著 18 章と 19 章の翻訳

いうまでもなく，各巻の訳者の方たちにも心から感謝申し上げる．根気と集中力と体力と知力のいる翻訳作業，本当にご苦労さまでした．そして，この巨大プロジェクトに参加してくださり，ありがとうございました．

最後になるが，開拓社の川田賢氏に心から感謝申し上げる次第である．訳者の人選など，そして本つくりのプロセスなど，すべて私のやりたいようにやらせてもらった．気持よく仕事をやらせてくれた川田氏の懐の深さに感謝する次第である．

なお，本シリーズ『英文法大事典』は *The Cambridge Grammar of the English Language* の完訳ということもあり，読者の利便性を考えて意訳しながらも，原著を忠実に訳しています．原著の例文には，ところによって，タブー語やののしり語などの表現が含まれている場合もありますが，これも英語という言語の特徴的な部分でもあり，それらも忠実に訳しています．読

者諸氏にはこの点どうぞご理解いただければと思います.

読者諸氏には，ぜひ，本シリーズ『英文法大事典』全 11 巻を通読していただき，世界最高峰の英文法書 *The Cambridge Grammar of the English Language* (Rodney Huddleston and Geoffrey K. Pullum (2002)) を堪能していただきたい. そして, 英語の教育と研究に大いに役立てていただきたい.

編集委員長　畠山 雄二

まえがき

本巻は，*The Cambridge Grammar of the English Language*（CGEL）の第6章（Adjectives and adverbs）を翻訳したものである．形容詞と副詞はよく使われるが，あまり踏み込んで教わることがない．たとえば，a beautiful photo of their baby は「写真がきれい（the photo is beautiful)」という意味であるが，a nude photo of the mayor は「(写真ではなく）市長が裸である(the mayor is nude)」という意味である．つまり，同じ「a＋形容詞＋名詞＋of 句」という形で使われていても，形容詞のかかり方が異なる．このようなことはほとんど教わらないし，教えもしないだろう．

本巻は形容詞と副詞に関して，詳細な記述に基づいたルールや一般化を立てながらも，ネイティブならではの鋭い洞察を加えている．たとえば，通常，動詞(句)が表す行為の様態を示す副詞（＝様態の副詞）は文頭には置かれない．そのため，Chris had expertly repaired it.（クリスは上手にそれを修理していた）のように，様態の副詞の expertly（上手に）は文中に置かれる．しかし，Smoothly the boat slid down the ramp into the water.（ボートは進水斜路をなめらかにすべり水中に入った）のように，様態の副詞の smoothly（なめらかに）が文頭に置かれることもある．この場合，「(進水斜路を）すべる」という行為がどのように起こったかという様態が強調されている．つまり，動詞(句)が表す様態が強調される場合，様態の副詞は文頭に置かれるのである．本巻にはこのような「新しい」発見がたくさんある．

また，本巻ではさまざまな角度から「証拠」をあげ分析をしている．そのため，ときには伝統的な文法の見方にもメスを入れ，修正をしている．たとえば，They arrived yesterday.（彼らは昨日着いた）という文において，yesterday は動詞の arrive を修飾するため副詞とみなされてきた．しかし，本巻では名詞句として扱われている．その根拠として，時間や場所を表す名詞句が副詞的に使われることがあげられている（例：They arrived last week.）．さらに，Their behaviour yesterday was quite embarrassing.（彼らの昨日の行動にはひどく困らされた）の yesterday を副詞の badly に変えた *Their behaviour so badly was quite embarrassing. は非文となることから，yesterday は副詞の badly とは統語範疇が違うことがわかる．よって，yesterday は副詞ではなく名詞句であると結論されている．本巻にはこのような論理パズルを解くような楽しみもある．

本巻はまた，一般的な文法書ではあまり扱われない現象もとりあげ，詳細に記述している．たとえば，形容詞が繰り返し使われ強調される構文（intensificatory repetition construction）では，It was a long, long way. のように形容詞の long を繰り返すことで It was a very long way.（それは非常に長い道のりだった）と同じ意味を表す．この構文に使われる形容詞の多くは比較的「短い」語であるが，「長い」語がこの構文に現れる例もあげられている（例：a powerful, powerful weapon（非常に強力な武器））．さらに，ネイティブならではの事実の指摘もある．たとえば，long が副詞的に使われた場合，動詞の前にも後ろにも置くことができるが，動詞の後ろに置かれた場合は否定文で使われる傾向がある．よって，She didn't stay long.（彼女は長く滞在しなかった）とはいうが，*She stayed long. とは普通いわない．これとは対照的に，long が動詞の前に置かれた場合は肯定文でも普通に使われる（例：I had long realised that it was dangerous.（それが危険であることは長い間よく理解していた））．

以上のように，本巻は yesterday の品詞の分類のようなやや学術的な内容から，副詞が置かれる位置のような英語を実際に使う際に役立つ実践的な内容まで守備範囲が広い．また，アメリカ英語とイギリス英語の区別や，標準的な言い方と非標準的な言い方の区別，さらには書き言葉と話し言葉の区別といったスタイル面での記述にも十分注意が払われている．そのため，研究目的で読む人にも，実際に英語を使う際の参考目的で読む人にも，本巻は十分な満足を与えられるものとなっている．

最後に，本巻の翻訳について一言触れておく．上述したように，本巻の「ウリ」はデータの面白さと分析の面白さにある．翻訳する際には，その点を最優先した．よって，馴染みのない専門用語は訳さないか，一般的に通じる「やさしい」日本語で言い換えている．また，一字一句「直訳」するとわかりづらくなると思われる箇所は思い切って「リフォーム」をし，読みやすくしている．ともかく，データの面白さと分析の面白さを堪能してほしいという一点だけはブレずに翻訳している．本巻を読んだ人が形容詞と副詞のもつ奥深さ，そしてことばのもつ面白さを堪能してもらえるなら翻訳者冥利につきる．

第 4 巻責任訳者　田中 江扶

第４巻　形容詞と副詞

目　　次

形容詞と副詞

Geoffrey K. Pullum and Rodney Huddleston

例の提示に関する但し書き

太字イタリック体：屈折形態素を取り除いた語彙素を表している．

例）動詞 ***go***

二重引用符：意味や命題を表している．

一重下線・二重下線と角カッコ：例文の一部を強調している．

スモールキャピタル：焦点ストレスを表している．

例）I DID tell you.

矢印：↗は上昇ピッチのイントネーションを示し，↘は下降ピッチのイントネーションを表している．

例）Is it a boy ↗ or a girl ↘?

___：文中の空所を表している．

例）Kim bought ___.

・：語中の形態論的な区切りないし構成素を表している．

例）work・er・s，接尾辞・s

下付き文字：照応語とその先行詞の関係を表している．

例）Jill_i said she_i would help. では，she は Jill を指していること表している．

例文を解釈するにあたっての文法性を以下の記号で表している．

*	非文法的	例）*This books is mine.
#	意味的ないし語用論的に変則的	例）#We frightened the cheese.
%	ある方言でのみ文法的	例）%He hadn't many friends.
?	文法性が疑わしい	例）?Sue he gave the key.
!	非標準的	例）!I can't hardly hear.

スラッシュ記号：選択肢の区切りを表している．

例）The picture seemed excellent/distorted. は The picture seemed excellent. と The picture seemed distorted. の 2 例をまとめた書き方となっており，I asked you not to leave/*to don't leave until tomorrow. は I asked you not to leave until tomorrow. と *I asked you to don't leave until tomorrow. をまとめた書き方になっている．選択肢が 1 語である場合を除き，スラッシュの前後にはスペースを置いている．

丸カッコ：随意的な要素を表している．

例）The error was overlooked (by Pat). は The error was overlooked by Pat. と The error was overlooked. の 2 例をまとめた書き方になっている．

会話中の A や B：異なる話者を示している．

例）A: Where's the key?　B: It's in the top drawer.

専門家向けの解説：

研究者向けの解説はフォントをゴシック体にして網をかけている．この部分は本文の分析を支持する言語学的な議論となっている．読み飛ばしても本文の流れを理解する上で支障はない．

形容詞と副詞

第 1 章　はじめに

本シリーズ『英文法大事典』の第 1-3 巻では，英語でもっとも主要な 2 つの**語彙範疇（lexical category）**（つまり品詞）である動詞と名詞を扱っている．名詞はもっともよく使われる語であり，辞書にももっとも多く載っている．また，名詞は語形成や借用によって，もっとも生産的に増やしていける品詞である．動詞は**節構造（clause structure）**の**主要部（head）**として機能するという点で基本的な語であり，使われる頻度や辞書に載っている数も，名詞のつぎに多い．典型的な節はどれも名詞と動詞を少なくとも 1 つずつもつ．もっとも単純な節は名詞と動詞をそれぞれ 1 つだけもつものである（例：Rain fell.（雨が降った），People change.（人は変わる（ものだ）），Kim disappeared.（キムが失踪した）など）．

しかし，すべての意味の違いに対応できるほど十分な名詞と動詞があるわけではない．たとえば，水を表す名詞はあるが，さまざまな温度の「水」に対して異なった名詞があるわけではない．また，落ちることを意味する動詞はいくつか存在する（例：fall（落ちる），drop（落ちる），sink（沈む），plummet（急激に下がる）など）．しかし，区別をつけたくなるようなスピードの違う落ち方や様態が異なる落ち方すべてを網羅できるほど十分な「落ちる」を意味する動詞があるわけではない．

英語では，必要とされる細かい意味合いの違いは，名詞や動詞が与える意味を部分的に変えたり，明確にしたり，調整したりする語（や句）によって表される．具体的にいうと，名詞を修飾する語が形容詞であり，動詞を修飾する語が副詞である．具体例をみてみよう．

(1) i. 形容詞
  a. [Heavy rain] fell.（大量の雨が降った）
  b. [Young people] change.（若い人は変わる（ものだ））
 ii. 副詞
  a. Rain [fell heavily].（雨が激しく降った）
  b. People [change slowly].（人は徐々に変わる（ものだ））

動詞を修飾する副詞の多くは形容詞やほかの副詞も修飾することができる．よって，名詞だけを修飾する形容詞と，名詞以外のすべての品詞（動詞，形容詞，前置詞，限定詞，副詞）を修飾する副詞との間には，非常に重要な統語的区別があることになる．以下の例で両者を比べてみよう．

(2) i. They made a lot of [unnecessary changes]. ［名詞］
  （彼らは多くの不必要な変化を起こした）
 ii. They had [worried unnecessarily]. ［動詞］
  （彼らは不必要にくよくよした）
 iii. Their response was [unnecessarily long]. ［形容詞］
  （彼らの返答は不必要に長かった）
 iv. They had treated him [unnecessarily harshly]. ［副詞］
  （彼らは彼を不必要にきびしく扱った）

(2i) の名詞の changes は形容詞の unnecessary に修飾されているが，(2ii) の動詞の worried，(2iii) の形容詞の long，(2iv) の副詞の harshly はすべて副詞の unnecessarily によって修飾されている．

形容詞は名詞を修飾することに加え，**叙述的な機能（predicative func-**

tion）ももつ（例：The rain was heavy.（雨が激しかった），They are young（彼らは若い）など）．このような例では，形容詞は統語的には be 動詞の**補部**（**complement**）であるが，意味的には述部の中心となっている．be 動詞が意味に関与することは（たとえあったとしても）ほとんどないが，時制を示す（かつ，主語との一致を示す）という統語的機能を担っている．そのため，「be 動詞＋形容詞」の組み合わせは，語彙的な内容をもつ動詞と対応する．たとえば，つぎの（3i）と（3ii）のペアには類似性がみられる．

（3）i. a.　She [was awake].（彼女は起きていた）
　　　　b.　She [awoke].（彼女は起きた）
　　ii. a.　She [was dead].（彼女は死んでいた）
　　　　b.　She [died].（彼女は死んだ）

（3）の例にあるように，形容詞はほとんどの場合，状態を表す．動詞のなかにも know や resemble のように状態を表すものも多いが，動詞は主に動作や変化などを表す際に使われる．また，多くの動詞が目的語をとるが，他動詞的に直接目的語をとる形容詞は worth や like のようなものだけである．そのため，形容詞が目的語名詞句をとる場合は前置詞が使われる．つぎの対比をみてみよう（両者ともに「彼女は動物が好きだ」という意味を表す）．

動詞句：	She likes animals.	［動詞＋目的語名詞句］
形容詞句：	She is fond of animals.	［形容詞＋前置詞＋目的語名詞句］

動詞と名詞は，ともに 2 つの上位レベルの**統語的まとまり**（**syntactic unit**）をもつ．具体的にいうと，動詞は**動詞句**（**verb phrase**）と**節**（**clause**）に拡大され，名詞は**小名詞句**（**nominal**）と**名詞句**（**noun phrase**）に拡大される（訳者注[1]参照）．これに対して，形容詞と副詞に関しては，上位レベルのユ

[1] 訳者注：名詞が形容詞などの修飾要素をともなうと小名詞句になり，小名詞句に冠詞などの**限定詞**（**determinative**）がつくと名詞句になる．一方，動詞が目的語補部をともなうと動詞句になり，動詞句に主語名詞句がつくと節になる．このように，名詞と動詞とも

ニットを 1 つ認めるだけでいい．すなわち，**形容詞句**（**adjective phrase**）と**副詞句**（**adverb phrase**）である．よって，形容詞と副詞が主要部の場合は，動詞と名詞が主要部の場合に比べ，構造が複雑ではないことになる．とくに，動詞と名詞はそれぞれ主語や限定詞などが関係してくるため構造的に 2 つの上位レベルをもつことになるが，形容詞と副詞にはそのような要素がないため構造的に 2 つの上位レベルをもつ必要はない．

英語には数多くの形容詞と副詞がある．それぞれ何千語とあり，頻繁に使われる．本当に短い文を除けば，ほとんどすべての文において，形容詞か副詞，もしくは両方が使われる．

形容詞と副詞は，ほかのどの品詞のペアよりも互いに似ているため，本書では両者をいっしょに扱う．形容詞に接尾辞の -ly をつけることで形態的に派生される副詞は非常に多くある．また，おおまかにいって，副詞を副詞句へと拡大する可能な方法は，形容詞を形容詞句に拡大する方法のうちの一部（サブセット（subset））になっている．その理由の 1 つとして，形容詞は上で言及したように修飾用法のほかに叙述用法ももつが，副詞の場合は叙述用法がないことがあげられる．叙述用法がない分，副詞が副詞句に拡大する方法は形容詞が形容詞句に拡大する方法よりも少ないといえる．

に 2 つの上位レベル，つまり，全体として 3 つのレベルの階層構造をもつことになる．これを図示すると，つぎのようになる（なお，「小名詞句」という訳語に関しては *A Student's Introduction to English Grammar* (Rodney Huddleston and Geoffrey K. Pullum (2005)) の訳本である『ケンブリッジ 現代英語文法入門』から採用）．

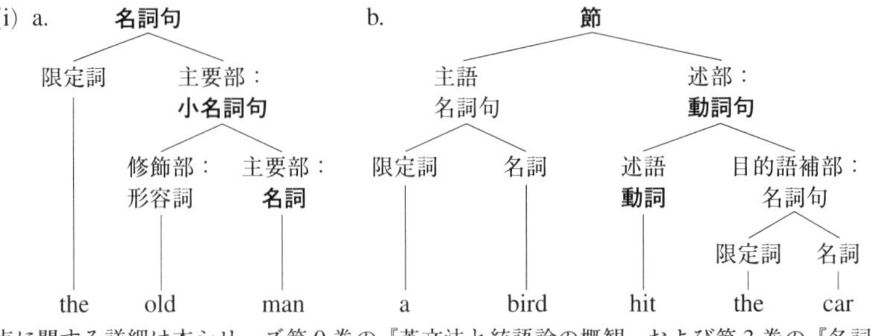

この点に関する詳細は本シリーズ第 0 巻の『英文法と統語論の概観』および第 3 巻の『名詞と名詞句』を参照．

第 2 章　形容詞の基準となる特性

形容詞をおおまかに定義すると，つぎのようになるだろう．

形容詞：　統語的に 1 つの独立した種類の品詞であり，もっとも特徴的な機能が名詞を修飾することである語

形容詞は典型的に性質を表す．その中心となるのが，大きさや形，色，価値，年齢といった性質である．形容詞が存在する言語においては，常に「よい (good)」という意味を表す（プラスの価値をもつことを示す）形容詞が存在し，同時にかなりの確率で「悪い (bad)」という反対の意味を表す形容詞も存在する．[1] また，ほとんどの場合，「大きい (large)」を意味する形容詞があり，おそらく「小さい (small)」を意味するものや，そのほかの大きさを表す形容詞もある．さらに，「年老いた／古い (old)」という意味の形容詞をもつ言語も非常に多く，そのような言語にはたいてい「若い (young)」や「新しい (new)」という意味の形容詞もある．また，「黒い (black)」，「白い (white)」，「赤い (red)」，「緑の (green)」などの色を表す形容詞があることも非常に多い．形容詞の中心的な意味的役割は，上であげたような種類の

[1] 形容詞をもたない言語やほんのわずかしか形容詞がない言語も存在する．

個々の性質を表すことであると思われる．通常，上であげたもの以外にも，硬さや重さといった物理的な性質や，親切さや残酷さといった人間の性向，動きの速さのような性質なども表す．

おおまかな定義として，このような意味的な特性は各言語において（もし形容詞が存在するならば）どの語彙範疇を「形容詞」とよぶべきかを決める1つの基準にはなるが，具体的に英語のある特定の語が形容詞であるかどうかを決定することまではできない．そういった判断をくだすためには，形容詞に特有の統語的性質を考慮する必要がある．

形容詞の範疇に属する中心的なものは，以下の (1) に示すような3つの統語的性質をあわせもっている（例のなかの形容詞には下線が引かれている）．

(1) i. 機能： 典型的な形容詞はつぎの3つの主要な機能を担うことができる．

① **限定用法 (attributive)**（例：happy people（幸せな人々））

② **叙述用法 (predicative)**（例：They are happy.（彼らは幸せだ））

③ **後置修飾 (postpositive)**（例：someone happy（誰か幸せな人））

ii. **段階づけ可能性 (gradability)**：

典型的な形容詞は段階的な意味を表すことができ，したがって，very（とても），too（あまりにも），enough（十分に）のような程度を表す修飾語をつけることや，**屈折による (inflectional)** または**分析的な (analytic) 比較級 (comparative)** および**最上級 (superlative)** をつくることができる（例：屈折比較級：happier（より美しい），屈折最上級：happiest（もっとも美しい），分析的比較級：more useful（より役に立つ），分析的最上級：most useful（もっとも役に立つ））．

iii. **従属部 (dependent)**： 典型的な形容詞は副詞によって修飾される（例：remarkably happy（著しく幸せな），surprisingly good（驚くほどよい））．

これらはいずれも形容詞だけに当てはまる性質ではないし，これらの性質のどれかを欠いている形容詞もたくさんある．しかしながら，これら 3 つの性質をあわせもつ語は，形容詞以外の範疇の語とは明らかに区別される．また，当然ながら，ほかの範疇にはあるが形容詞にはないという性質もあり，この点からも形容詞をほかの範疇と区別することができる．たとえば，形容詞は名詞や動詞のように数や時制によって語尾変化をすることはないし，名詞のように（ほかの）形容詞によって修飾されることもない．また，ごく一部の例外を除いては，動詞や前置詞のように名詞句を補部としてとることもない．

以下では，(1) であげた 3 つの性質について 2.1 節から 2.3 節で順にとり上げ，その後，2.4 節において，形容詞を名詞や限定詞と区別する基準について考察する．

2.1　機能

■形容詞の 3 つの主要な機能：限定用法，叙述補部，後置修飾

つぎの (2) には形容詞の主要な 3 つの機能が示してある．

(2) i. 限定用法
　　my new job（私の新しい仕事）
　　all other possibilities（すべてのほかの可能性）
　　good work（よい仕事）
　ii. 叙述補部
　　This is new.（これは新しい）
　　They seem suitable.（それらはふさわしいと思われる）
　　We found it easy.（我々はそれを簡単だと思った）
　iii. 後置修飾
　　something important（何か重要なこと）

a man full of his own importance（うぬぼれの強い男）

(2i) の限定用法の形容詞は名詞句内で主要部の名詞の前に置かれ，その名詞を修飾している．構造的には小名詞句の一部となるので，(2i) の my new job や all other possibilities のように，my や all などの限定詞を含む名詞句においては，形容詞は限定詞と主要部の名詞の間に置かれる．限定用法の形容詞は，ほとんどの場合，補部ではなく**修飾部 (modifier)** となる．[2]

(2ii) の**叙述補部 (predicative complement)** は節構造における補部であり，(2ii) の例にあるように自動詞の be や seem，あるいは他動詞の find のような特定の動詞によって認可される．

(2iii) の後置修飾の形容詞は名詞句内で主要部の名詞の後ろに置かれ，その名詞を修飾している．この後置修飾の形容詞は，通常，something（何か），anyone（誰か），nobody（誰も）などの**複合限定詞 (compound determinative)** の後ろに生起するが，限られた条件のもとでは，(2iii) の a man full of his own importance のように普通の名詞を主要部とする名詞句内でも用いられる．形容詞が後置修飾で用いられることは限定用法や叙述用法に比べはるかに少ない．厳しい統語的制約を満たす場合にのみ，形容詞は修飾する名詞の後ろに現れることができるのである．

厳密にいえば，これら 3 つの機能を担っているのは，形容詞ではなく形容詞句である．しかし，こうした機能を担う形容詞句の主要部が形容詞であるという理解のもとに，「形容詞」の限定用法，叙述用法，後置修飾という言い方をしている．形容詞句は主要部の形容詞のみからなる場合もあれば，従

---

[2] 名詞の前に置かれる要素が補部として機能する場合，通常，(ia) のように名詞が使われるが，(ib) のように補部として機能する限定用法の形容詞も数は少ないがある．

(i) a. a linguistics student（言語学（専攻）の学生），a flower seller（花売り）
　　　　　　　　　　　　　　　　　　　　　　　　　　［名詞補部］

b. a legal adviser（法律顧問），an ecological expert（生態学の専門家）
　　　　　　　　　　　　　　　　　　　　　　　　　　［形容詞補部］

補部か修飾部かは機能の点から決められる．この点に関する詳細は本シリーズ第 3 巻の『名詞と名詞句』を参照．

属部（補部や修飾部）をともなう場合もある．

形容詞のほとんどが，（1i）でみた happy のように，3 つの主要な用法のすべてで用いることができる．しかし，限定用法でしか使えない形容詞（例：mere（単なる），former（前の），main（主な））や，逆に限定用法では使えない形容詞（例：alone（たった 1 人），asleep（眠っている），glad（喜んでいる））もかなり多くある．また，常に用法が制限されている形容詞もあれば，意味によって用法が制限されるものもある（訳者注[3]参照）．叙述用法で用いられる形容詞は（上で言及した統語的制約のもとで）後置修飾の用法でも用いることができるが，後置修飾の用法でしか用いられない形容詞もわずかながらある（例：the president elect（当選した大統領），gifts galore（たくさんの贈り物））．

■形容詞のさらなる機能

形容詞には上でみた 3 つの主要な用法のほかに，つぎのような用法もある．

（3）i. such a nuisance（そのような迷惑行為）
so serious a problem（非常に深刻な問題）
［**限定詞前修飾（predeterminer）**］

ii. the rich（お金持ち），the bigger of the two（2 つのうち大きいほう），
the most useful of them（それらのなかでもっとも役に立つもの）
［**融合修飾部主要部（fused modifier-head）**］

iii. He died young.（彼は若くして死んだ）
They served the coffee blindfolded.
（彼らは目隠しをしてコーヒーを出した）
［**叙述付加詞（predicative adjunct）**］

---

[3] 訳者注：たとえば，glad は「喜んでいる」という意味では *the glad girl のように限定用法で用いることはできないが，「喜ばしい」という意味では the glad news（その喜ばしい知らせ（＝吉報））のように用いることができる．

iv. Furious, he stormed out of the room.
(彼は怒り狂って嵐のごとく部屋を出て行った)

[叙述付加詞]

(3i) の such や so serious のような限定詞前修飾の形容詞句は，不定冠詞の a の前に置かれ，名詞句の外部にある修飾要素として用いられている．この限定詞前修飾には非常に厳しい構造的条件が課される（この点に関しては 3.3 節を参照）．限定詞前修飾の形容詞句の主要部となりうる形容詞は，すべて限定用法としても用いることができる（例：such tools（そのような道具），a serious problem（深刻な問題））．

(3ii) の融合修飾部主要部として使われる形容詞句は，名詞句内の修飾部と主要部の両方の機能をあわせもつ．この融合修飾部主要部として使われる形容詞は，すべて限定用法でも用いることができる（例：rich people（裕福な人々））．[4]

最後に，(3iii) と (3iv) の形容詞句は叙述付加詞として機能している．(3iii) の young（若くして）や blindfolded（目隠しをして）は節のなかにある修飾要素であるのに対し，(3iv) の furious（怒り狂って）は節から分離している**補足的要素 (supplement)** である．叙述付加詞として用いることのできる形容詞は，すべて叙述補部としても用いることができる（例：He is young.（彼は若い））．

■形容詞と副詞の機能の違い

形容詞と副詞を区別するための第 1 の基準となるのは，どのような機能を担うかということである．(4) のような形容詞と副詞のペアについて考えてみよう．

---

[4] 融合修飾部主要部に関する詳細は本シリーズ第 3 巻の『名詞と名詞句』を参照．

(4)　**形容詞**　**副詞**

i. a. a rapid improvement　b. It rapidly improved.
（急速な改善）　（急速に改善した）

ii. a. a surprising depth　b. surprisingly deep/deeply
（驚くほどの深さ）　（驚くほど深い／深く）

iii. a. Progress was rapid.　b. We progressed rapidly.
（進歩は急速だった）　（我々は急速に進歩した）

(4i) と (4ii) の下線部は修飾語であるが，形容詞 (rapid/surprising) が用いられるのは，(4ia) および (4iia) のように名詞 (improvement/depth) を修飾する場合である．一方，副詞 (rapidly/surprisingly) が用いられるのは，(4ib) のような動詞 (improved) や (4iib) のような形容詞 (deep) あるいは副詞 (deeply) を修飾する場合である．形容詞の rapid は (4ia) では限定用法であるが，(4iiia) では叙述補部である．一方，副詞には叙述用法はなく，(4iiib) における副詞 rapidly は (4ib) の場合と同じく動詞を修飾しており，動詞との位置関係が異なるだけである．

多くの場合，限定用法や叙述用法で用いられる形容詞の語形は，動詞や形容詞や副詞を修飾する副詞の語形とは異なる．(4) にあるように，副詞の多くは形容詞に接尾辞の -ly をつけたものである（例：rapidly (副詞) = rapid (形容詞) + -ly (接尾辞))．しかし，形容詞と副詞が同形のものもある．たとえば，fast（速い／速く），hard（激しい／激しく），early（早い／早く）のような語や，比較級の better（よりよい／よりよく）や worse（より悪い／より悪く）のような活用形があげられるが，本書ではこれらの語は形容詞と副詞の両方に属するものとして扱う．ある語が形容詞なのか副詞なのかを判断するには，間接的な方法と直接的な方法とがある．つぎの例をみてみよう．

(5)　**形容詞**　**副詞**

i. a. an early departure　b. They departed early.
（早い出発）　（彼らは早く出発した）

ii. a. Kim's performance was better. b. Kim performed better.
（キムの演技のほうがよかった） （キムのほうが上手に演技した）

間接的な方法というのは，rapid/rapidly や surprising/surprisingly のような形容詞と副詞で形の異なる語で置き換えてみる方法である．たとえば，(5ia) の early は形容詞の rapid で置き換えられるので形容詞であるが，(5ib) の early は副詞の rapidly で置き換えられるため副詞であると判断できる．これに対して，直接的な方法というのは，その語が担っている機能に基づいて形容詞か副詞かを判断する方法である．たとえば，上述したように副詞には叙述用法がないため，叙述用法で用いられている (5iia) の better は形容詞であり，動詞を修飾している (5iib) の better は副詞であると判断できる．

■ become，make，seem の叙述補部

叙述用法の形容詞は be 動詞の補部として使われることがもっとも多い．しかし，be 動詞は非常に幅広い範疇の要素を補部にとるため，形容詞かどうかを判断するテストに用いるには不十分である．形容詞かどうかを判断するテストとしてはるかに有効なのは，より限られた範疇の要素しか補部にとらない become（〜になる）と make（〜にする）である．この 2 つの動詞ほどではないが，seem/appear（〜のようだ），feel（〜に感じる），look（〜にみえる），sound（〜に聞こえる）にも同様のことがいえる．具体的にいえば，これらの動詞はまったく，あるいはほとんど，前置詞句を補部にとらない．動詞の補部が形容詞である (6) と前置詞句である (7) を比べてみよう．

(6) i. a. The car is rusty.（その車はさびている）
b. The car became rusty.（その車はさびた）
ii. a. They are impatient.（彼らはいらいらしている）
b. This made them impatient.（このことが彼らをいらいらさせた）
iii. a. They are all content.（彼らはみな満足している）
b. They all seem content.（彼らはみな満足しているようだ）

(7) i. a. The car is in the garage. (その車は車庫に入っている)
　b. *The car became in/into the garage.
ii. a. They are behind schedule. (彼らは予定より遅れている)
　b. *This made them behind schedule.
iii. a. They are all outside. (彼らはみな外にいる)
　b. *They all seem outside.

もちろんここでは，make が「～を ... にする (cause to be)」という意味を表し，叙述補部をとる**複合他動詞 (complex-transitive verb)** として用いられる場合について考えている．make がほかの用法で用いられた場合には前置詞句をともなうことも可能だが，その場合の前置詞句は叙述補部ではない (例：He made a chair for me. (彼は私に椅子をつくってくれた))．

seem や appear などは，イディオム的な意味をもつ前置詞句であれば叙述補部としてとることができる．そのような前置詞句には in a bad temper (機嫌が悪い)，in good working order (正常に機能している)，in good shape (体調がよい)，out of control (手に負えない)，under the weather (具合が悪い) のようなものがある．しかし，become や make に関しては，通常，このようなイディオム的な意味をもつ前置詞句でさえも補部にとることはない(例: He *seems* in a bad temper. (彼は機嫌が悪そうだ) vs. *He *became* in a bad temper. / *This *made* him in a bad temper.)．

■文頭に置かれる叙述付加詞：被叙述要素条件

叙述要素は，明示されるにせよされないにせよ，必ず叙述の対象となる**被叙述要素 (predicand)** を必要とする．たとえば，Kim seemed sad. (キムは悲しそうだった) という文において，形容詞 sad の叙述の対象は主語の Kim であり，I consider his behaviour outrageous. (私は彼の行動は常軌を逸していると思う) という文においては，形容詞 outrageous の叙述の対象は目的語の his behaviour である．また，Be careful. (気をつけて) という命令文においては，形容詞 careful の叙述の対象となるのは，明示されていない 2 人称の主語（you）である．

この叙述の対象となる被叙述要素を必要とするかどうかは，文の先頭に置かれた句の主要部が形容詞なのか前置詞なのかを区別するための基準となる．つぎの（8i）と（8ii）を比較してみよう．

(8) i. Upset, the children had daubed paint on the walls. ［**形容詞句**］
（子どもたちは動揺しながら壁にペンキを塗った）
ii. Upstairs, the children had daubed paint on the walls. ［**前置詞句**］
（子どもたちは 2 階で壁にペンキを塗った）

（8i）の upset は叙述要素であり，主語の the children がその叙述の対象である．すなわちこの文では，子どもたちが動揺していたということが含意されている．一方，（8ii）の upstairs は場所を表す付加詞であり，叙述の対象をもたない．ここでの upstairs はペンキを塗るという出来事がどこで起きたのかを示しているだけで，子どもたちの居場所を述べているのではない．もちろん，ペンキを塗ったのが 2 階であれば，それを行った子どもたちが 2 階にいたというのがもっともな**推論（inference）**であるが，これはあくまで偶然のことであり，（8ii）の文において必然的に**含意（entailment）**されることではない．たとえば，子どもたちが家の外ではしごに登り，筆をくくりつけた長い棒を窓からなかに入れて壁を塗ったというシナリオも考えられる．（8i）の upset が叙述の対象を必要とし，（8ii）の upstairs は必要としないということは，つぎの（9i）と（9ii）の対比からもっと簡単に示すことができる．

(9) i. *Upset, there was nothing going on.
ii. Upstairs, there was nothing going on.
（2 階では何も起きていなかった）

（9i）で upset が容認されないのは，後続する文のなかに被叙述要素が存在しないからである．それに対し，場所を表す付加詞の upstairs には，被叙述要素をもたねばならないという条件はないため，(9ii) は問題のない文となる．同様の対比が形容詞の alone（たった1人）と前置詞の ashore（浜辺で）にもみられる．場所を表す前置詞の ashore は叙述の対象をもたなくていいため，Ashore, there was much drunkenness.（浜辺で大いに酔っ払っていた）といえるが，形容詞の alone は叙述の対象が必要となるため，*Alone, there was much drunkenness. とはいえない．

ただし，文頭に現れる前置詞句がまったく叙述的に用いることができないというわけではない．上述したように，seem の補部になれる in a bad temper（機嫌が悪い）や under the weather（具合が悪い）などのイディオム的な意味をもつ前置詞句は叙述的に使われるため，文頭に置かれた場合には叙述の対象を必要とする．したがって，In a bad temper, Max seemed intent on ruining everybody's fun.（マックスは機嫌が悪く，ひたすらみんなの楽しみをぶち壊そうとしているようだった）は，叙述の対象の Max があるため可能であるが，*In a bad temper, there was nothing to do. は叙述の対象がないため容認されない．しかし，in a bad temper は in を主要部とした前置詞句であり，一般的に in を主要部とした前置詞句は叙述的ではない用法で自由に文頭に現れることができる（例：In winter there isn't much to do.（冬にはあまりやることがない））．以上のことから，(10) の**被叙述要素条件（predicand requirement）**は主要部の語に適用されるテストとして利用することができる．

(10)　形容詞は被叙述要素がないと文頭に現れる句の主要部になることができないが，前置詞は被叙述要素がなくても文頭の句の主要部になることができる．

2.2　段階づけ

■段階づけできる形容詞とできない形容詞

典型的な形容詞は**段階づけ（grading）**ができる．すなわち，さまざまな程度をもつことができる性質を表している．その程度がどのくらいなのかは，**程度副詞（degree adverb）**を用いて質問したり，示したりすることができる（例：[How good] is it?（それはどのくらいよいですか），She seems [very young].（彼女はとても若くみえる），Things are getting [rather serious].（状況はかなり深刻になってきている））．

しかしながら，段階づけができない形容詞も非常に多い．(11) にあげるわずかな例をみるだけでも，段階づけできない形容詞がいかに多いかがわかるだろう．

(11) alphabetical（アルファベット順の），ancillary（副次的な），chief（主要な），equine（馬の），federal（連邦の），glandular（腺の），latter（後者の），left（左の），marine（海の），medical（医学の），obtainable（入手可能な），orthogonal（直交の），phonological（音韻論の），public（公共の），residual（残りの），syllabic（音節の），tenth（10 番目の），utter（完全な）

ただし，強調しておくべきは，段階づけが可能か不可能かという区別は，可算名詞と不可算名詞の区別と同様に，語彙ごとに決まっているというよりは，用法や意味によって決まるということである．多くの形容詞は段階づけ可能な意味とそうでない意味の両方で用いることができる（多くの場合，段階づけできない意味のほうがその形容詞の第一義である）．(12) にいくつか例を示す．

(12)

	段階づけできない意味	段階づけできる意味
i.	a. the public highway（公共の道路）	b. a very public quarrel（とても広く知られた喧嘩）
ii.	a. Christian martyrs（キリスト教の殉教者）	b. not very Christian behaviour（あまりキリスト教徒らしくない振る舞い）

iii. a. a British passport　　b. He sounds very British.
（英国のパスポート）　　（彼はとても英国人らしく話す）

iv. a. The door was open.　　b. You haven't been very open with us.
（そのドアは開いていた）　　（あなたは私たちに対してあまり率直でない）

・いわゆる「絶対的」形容詞について

以下の（13）のような形容詞は，伝統的に「**絶対的形容詞**（**absolute adjective**）」として分類されてきた．

(13)　absolute（絶対的な），complete（完全な），correct（正しい），equal（等しい），essential（必要不可欠な），eternal（永遠の），ideal（理想的な），impossible（不可能な），perfect（完璧な），supreme（最高の），total（総計の），unique（独特な）

伝統的には，「このような形容詞は段階づけができないので，比較構文で用いたり，very（とても）や somewhat（いくらか）などの程度を表す修飾語をともなってはならない」というのが規範とされている．なかでも unique はとくに目をつけられ，highly unique（非常に独特な）や one of the more unique features（より独特な特徴の 1 つ）や the most unique person（もっとも独特な人物）のように書いた生徒は「そんな言い方はしない」と非難されてしまう．そのような規範的な説明によれば，unique という形容詞はその意味ゆえに，絶対に段階づけできないものとされる．つまり，あるものが unique であるといえるのは，それだけが唯一該当する特性をもっている場合のみである．したがって，ある宝石が very unique（とても独特な）とはいえない．なぜなら，独特さが（very によって程度の幅を表せるような）絶対的なものではないなら，そもそも unique とはいえないからである．同様に，あるものがほかのものと比べ more unique（より独特な）ということもできないという人もいる．なぜなら，独特さには絶対的な独特さという 1 つの度合いしか存在しないからである．

しかし，このような規則をいまだに無条件で提示しているのは，もっとも保守的な一部の参考書だけである．それ以外では，そのような規範的な説明が（14）に示されるような実際に確立されている用法と矛盾するということが認識されている．

（14） i. His technical ignorance had proved [even *more* complete than he had thought].

（彼の技術的な無知は，彼が思っていたよりも完全なものだとわかった）

ii. A [*more* perfect] rake has seldom existed.

（より完璧な熊手はめったに存在しない）

iii. The [*most* essential] characteristics of mind is memory.

（心のもっとも欠かせない特性は記憶である）

unique という語に関しては，more unique という表現が「より独特に近い (more nearly unique)」という意味で用いられていたりもするが，そもそも unique という形容詞自体が「珍しい／普通ではない (exceptional/unusual)」という意味をもつようになっており，そのような意味であれば，程度を表す修飾語とともに用いても，比較構文で用いてもまったく問題ない（例： this *rather* unique situation（このかなり珍しい状況），the *most* unique person I' ve ever met（私がこれまでに会ったもっとも普通ではない人物）など）．

段階づけ可能かどうかということ自体，できるかできないかのどちらかにはっきり決まるような問題 (all-or-nothing matter) ではない．保守的な参考書でさえ，（13）にあげた complete，perfect，total，unique に almost や nearly（ともに「ほとんど」という意味を表す）のような程度を表す副詞がつけられることを認めているが，（11）にあげた形容詞のほとんどはそのような程度を表す副詞をつけることができない．さらに，（13）の形容詞の間にも違いがみられる．たとえば，essential はほかのほとんどの形容詞よりも，疑問の how で容易に程度を尋ねることができる（例：*How* essential is it?（どのくらい必要不可欠か））．また，unique は（「普通ではない (exceptional)」という意味で)，(13) のほかのほとんどの形容詞よりも rather によって修飾されやすい．しかし，こういった差というのは文法性の問題ではなく，意味的に合うかどうかという「**意味的な相性 (semantic compatibility)**」の問題である．

■形容詞に限定されない段階づけ可能性

段階づけが可能か不可能かという区別は，形容詞と同じように副詞にも当てはまる．たとえば，soon（すぐに）や quickly（すばやく）は段階づけ可能であり，alphabetically（アルファベット順に）や phonologically（音韻的に）は段階づけできない．つまり，副詞と形容詞を区別するのはその機能であって，段階づけできるかどうかではない．

ここでより重要なことは，名詞や動詞にも段階づけ可能なものがあるということである（ただし，その割合は形容詞や副詞と比べてずっと少ない)．たとえば，success（成功）という名詞は段階づけ可能である．つまり，成功の度合いはそれぞれに異なる．同じように，problem（問題）もどの程度問題なのかという段階づけが可能である．同じことが love（愛している)，like（好きだ)，enjoy（楽しむ）のような動詞についてもいえる．これらは意味的に対応する fond（好きな)，likeable（好ましい)，enjoyable（楽しい）といった形容詞とまったく同じように段階づけが可能である．

したがって，形容詞と副詞を名詞と動詞から区別するのは，形容詞と副詞は程度を表す従属部をとりうるが，名詞と動詞はとれないということではない．両者が異なるのは，段階づけを表現する際に，どのような統語形式を用いるかという点である．

■程度副詞 very および too による修飾

程度副詞の very（とても）と too（あまりにも）は形容詞や副詞を修飾するが，名詞や動詞は修飾しない．(15) の対比をみてみよう．

(15) i. **形容詞**

a. She was [very helpful].（彼女はとても役に立った）

b. His delivery was [too hurried].

（彼の話しぶりはあまりに急いでいた）

ii. **副詞**

a. She acted [very helpfully].

（彼女はとても役に立つように行動した）

b. He spoke [too hurriedly].

（彼はあまりに急いで話した）

iii. **名詞**

a. *It wasn't of [very help].

b. *He is in a [too hurry].

iv. **動詞**

a. *You haven't [very helped] us.

b. *He had [too hurried].

副詞の very（高い度合いで（to a high degree））は形容詞の very（まさにその／本当の（exact/true））とは区別されるべきである．形容詞の very は程度を表さない．そして，当然のことながら名詞を修飾することができる（例：That's the *very* thing we're looking for.（それはまさに我々が探しているものだ），The child was the *very* picture of innocence.（その子どもはまさしく純真さを具現したようなものだった））．同じように，程度副詞の too（過度に（excessively））も**焦点化副詞（focusing adverb）**の too（加えて（in addition））と区別されるべきである．焦点化副詞の too は，名詞句や動詞句などあらゆる主要範疇の句において，主要部の後ろに現れることができる（例：[Kim *too*] was present.（キムも出席していた），They play the piano and [sing *too*].（彼らはピアノを弾き，歌も歌う））．

very や too によって直接修飾することのできない名詞や動詞を用いて

(15i) や (15ii) のような形容詞および副詞の例にもっとも対応させるには，下の (16) のように限定詞の much ((very) much や too much など) を用いることになる．much は**極性の影響を受けやすい表現** (**polarity-sensitive item**) であるため，very に比べて文中で用いることのできる環境が限られている．[5] (16) の (a) の各例で否定文を用いているのはこのためである．

(16) i. **動詞**

a. You haven't [helped us (very) much].
(あなたはあまり私たちを助けてくれていない)

b. He [worries too much]. (彼は心配しすぎだ)

ii. **名詞**

a. It wasn't [(very) much help].
(それはあまり役に立たなかった)

b. It was [too much trouble]. (それは非常に大変だった)

iii. **名詞**

a. It wasn't [(very) much of a success].
(それはあまり成功しなかった)

---

[5] 極性の影響を受けやすいとは，肯定や否定といった環境でのみ許されるということである．たとえば，(16ib) や (16iib) のように，much は肯定文でも普通に現れるが，much が too のような修飾語句をともなわず単独で使われ，動詞を後ろから修飾する場合は否定文に限られる．

(i) a. I *don't* enjoy sailing much. (cf. *I enjoy sailing much.)
(私は船に乗るのはそれほど楽しくない)

b. I enjoy sailing {a lot/a great deal}.
(私は船に乗るのがとても楽しい)

(ia) にあるように，much が単独で使われ，動詞の enjoy (sailing) を後ろから修飾する場合は否定文で使われる．これに対して，肯定文で動詞の enjoy (sailing) を修飾する場合は much は使われず，(ib) にあるように a lot/a great deal (とても) のような副詞的語句が用いられる ((ib) はインフォーマルな言い方)．このような点から much は否定極性の影響を受けやすい表現 (Negatively-oriented Polarity-sensitive Item: NPI) であるといえる．この点に関する詳細は本シリーズ第5巻の『前置詞と前置詞句，そして否定』を参照．

b. He's in [too much of a hurry].

（彼はあまりに急ぎすぎている）

(16i) のように動詞とともに用いられた場合，much は動詞句内で程度を表す修飾部の主要部として機能している．一方，名詞とともに用いられた場合は，(16ii) と (16iii) のような 2 通りの形式がある．まず (16ii) においては，much は名詞句内で副詞の very や too をともない，名詞の限定詞として機能している．この場合，much と共起できるのは不可算名詞のみである．つぎに (16iii) においては，much は**限定詞と主要部の融合体 (fused determiner-head)** であり，前置詞句の of 句を補部にとっている．この場合，of 句のなかの名詞は必ず限定詞の a をともなった単数形の可算名詞でなければならない．

限られた条件のもとでは，形容詞と副詞も程度を表す修飾部として much をともなうことができるが，ここでの議論においてとくに重要なのは，形容詞や副詞は (15i) や (15ii) のような通常の文において very や too をともなうことができるという点で，名詞や動詞とは区別されるということである．

通常，前置詞句は (17i) にあるように，very や too のような程度を表す修飾語はとらないが，上で言及した seem などの補部になれるイディオム的な意味をもつ前置詞句のなかには very や too で修飾可能なものもある．ただし，その場合は (17ii) にあるように much をともなうこともある．

(17) i. a. *It was [*very* before lunch].

b. *We placed it [*too* above the floor].

ii. a. He's [*very* (*much*) in the know].

（彼はとても事情を知っている）

b. He was [*too* (*much*) out of sorts to join in].

（彼はあまりに憂鬱で仲間に入れなかった）

■屈折による段階づけと分析的な段階づけ

形容詞と副詞における段階づけがほかの品詞の場合と統語的に異なる２つ目の点として，**比較（comparison）**があげられる．段階づけ可能な形容詞と副詞は屈折によって，もしくは more や most を使って分析的に比較級と最上級を示す．

① 屈折体系

ほとんどの形容詞といくつかの副詞は屈折変化によって比較級と最上級を表すが，動詞と名詞はそのような屈折変化をしない．

(18)

	原級	比較級	最上級	
i.	flat （平らな）	flatter （より平らな）	flattest （もっとも平らな）	[形容詞]
ii.	soon （すぐに）	sooner （よりすぐに）	soonest （もっともすぐに）	[副詞]
iii.	enjoy	*enjoyer	*enjoyest	[動詞]
iv.	success	*successer	*successest	[名詞]

限定詞と前置詞もほとんどは屈折変化によって比較級と最上級を表さないが，限定詞の much/many（たくさんの）や little/few（少しの）（例：few-fewer-fewest），前置詞の near/close（近い）や far（遠い）のように例外的に屈折変化するものもわずかながらある．inner（内側の），outer（外側の），upper（上部の）などは，それぞれ形態的に前置詞の in（中），out（外），up（上）と関係しているが，これらは派生的にできた語であって，屈折変化ではない．たとえば，inner という語は前置詞 in の比較級ではなく，形容詞に属する別の語である．なぜなら，inner は名詞句を補部にとれないという点で前置詞とは異なり（*inner the woods *vs.* in the woods（森の中）），than 句を補部にとれない（*This is inner *than* that.）という点で，屈折による比較級とも異なるからである．同じことが outer や upper にも当てはまる．さらに，

innermost のような語も同じく派生的にできた形容詞であって，屈折による最上級ではない．

② 分析的な比較級と最上級

形容詞と副詞の場合，(19) のように程度副詞の more および most を前に置くことによって，分析的な比較級と最上級がつくられる．[6]

(19) i. useful (役に立つ) more useful (より役に立つ) most useful (もっとも役に立つ) **[形容詞]**

ii. seriously (真剣に) more seriously (より真剣に) most seriously (もっとも真剣に) **[副詞]**

動詞と名詞の場合は，(16) に示したような much を用いた文の場合に more と結びつくことができる．

(20) i. He [worries *more* than I do]. **[動詞]**
(彼は私よりも心配している)
(cf. He worries too *much*. (= (16ib)))

ii. It was [*more* trouble than it was worth]. **[名詞]**
(それはその価値に見合わないほど困難だった)
(cf. It was too *much* trouble. (= (16iib)))

iii. It was [*more* of a success than I'd expected]. **[名詞]**
(それは私が予想した以上の成功だった)

---

[6] 屈折変化によって比較級と最上級を表す形容詞・副詞と，more および most を使って分析的に比較級と最上級を表す形容詞・副詞の分類の詳細に関しては，本シリーズ第 10 巻の『形態論と語形成』を参照．なお，両方のパターンを許す形容詞も多い．

(i) This is {common*er*/*more* common} than that.
(これはあれよりは一般的だ)

どの形容詞が屈折変化するかに関しては，母語話者の間でも判断に揺れがあることがあり，完全に統一されているわけではない．

(cf. It wasn't (very) *much* of a success. (＝(16iiia)))

(20) の各例における more は，(19) のように分析的に比較級を表すための程度副詞ではなく，(16) における限定詞の much が屈折変化によって比較級となったものである.[7] 形容詞や副詞の場合，more は形容詞と副詞の前に現れる（例：It was more enjoyable than usual.（それはいつもより楽しかった)). これに対し，動詞の場合には more は動詞の後ろに現れる（例：I enjoyed it more than usual.（私はいつもよりそれを楽しんだ)). (20ii) においては，more は限定詞の機能を担っており，much の場合と同様に可算名詞の単数形と結びつくことはできない. しかし，much の場合とは異なり，more は可算名詞の複数形と結びつくことができる（例：It caused *more* problems than usual.（それはいつもより多くの問題を引き起こした)). これは more が much だけでなく，many の屈折比較級でもあるからである. more が可算名詞の単数形とともに使われる場合には，(20iii) のような〈of＋a 可算単数名詞〉という独特な形式が用いられる（この点は (16iii) の much と同じ).

前置詞句は一般的に分析的比較級にすることはできない. たとえば，before 前置詞句に more をつけ，*They arrived more before lunch than I did. のようにいうことはできない（副詞の early を使って，They arrived earlier than I did.（彼らは私より早く着いた）ということはできる). ただし，(17ii) であげたような very や too とともに使えるイディオム的な意味をもつ前置詞句には more をつけることもできる（例：They now seem more in control than they were last week.（それらは先週よりも制御されているようだ)).

■ enough の位置

主要部の範疇（品詞）によって段階づけの表し方が異なる 3 つ目の点は，限定詞の enough との位置関係である. まず (21) の例を比較してみよう.

---

[7] この点に関しては本シリーズ第 7 巻の『関係詞と比較構文』も参照.

(21) i. **形容詞**

a. He wasn't [old *enough*].

（彼は十分な年齢でなかった）

b. *He wasn't [*enough* old].

ii. **副詞**

a. He can't speak [clearly *enough*].

（彼は十分にはっきりと話せない）

b. *He can't speak [*enough* clearly].

iii. **動詞**

a. He doesn't [care *enough*].

（彼は十分に注意していない）

b. *He doesn't [*enough* care].

iv. **名詞**

a. There isn't [*enough* time].

b. There isn't [time *enough*]. （十分な時間がない）

v. **名詞**

a. He isn't [*enough* of a scholar].

（彼は十分に有能な学者ではない）

b. *He isn't [of a scholar *enough*].

(21i) から (21iii) にあるように，主要部が形容詞，副詞，動詞の場合には，enough はその後ろに置かれる．much と同じく，主要部が名詞の場合には (21iv) と (21v) のような 2 通りの形式がある（(16ii) と (16iii) 参照）．まず，主要部の名詞が可算名詞の複数形または不可算名詞である場合は，(21iv) にあるように，enough は名詞の前にも後ろにも置くことができる．しかしながら，enough が名詞の前に置かれた (21iva) のほうがずっと普通であり，enough が名詞の後ろに置かれた (21ivb) はおそらくこのままではかろうじて容認される程度である．ただし，There isn't time *enough for that.*（そのために十分な時間はない）のように，enough によって認可される補部をつけ加えると，容認度がかなり上がる．もう 1 つの形式である（21v）においては，名詞 scholar は名詞句全体の主要部ではなく，補部の of 句の一部であるため，必ず enough の後ろに位置することになる．

（21i）から（21iv）では主要部の語が enough 以外の従属部をともなっていないが，（22）のように補部をともなう場合についても考えてみよう．

(22) i. a. He isn't [keen *enough* on the idea].
（彼はその考えに十分熱心ではない）
b. ?He isn't [keen on the idea *enough*].
ii. a. He didn't [care *enough* about me].
b. He didn't [care about me *enough*].
（彼は私のことを十分気にかけていなかった）
iii. a. *He doesn't [like *enough* the idea].
b. He doesn't [like the idea *enough*].
（彼はその考えを十分気に入っていない）

（22i）と（22ii）では，補部は前置詞句の形をとっている．形容詞の場合，enough の位置としてより好まれるのは，（22ia）のように主要部（keen）と補部（on the idea）の間である．一方，動詞の場合にはそのようなはっきりした違いはなく，enough が主要部（care）と補部（about me）の間にある（22iia）も enough が補部に後続する（22iib）もともに容認される．しかし，一般的な規則としてはっきりいえることが 1 つある．それは「**補部が名詞句の場合，enough は主要部とその補部の名詞句の間に現れることはできない**」ということである（ただし，重名詞句（heavy NP）が後置された場合を除く）．[8] この規則は主要部の範疇に関係なく当てはまる．動詞に関する限りで

---

[8] (i) では，動詞 find の目的語である the company's latest financial statement が文末に置かれている．

(i) You'll find on your desk the company's latest financial statement.

は，(22iiia) の文法的なおかしさは，*He didn't [read *carefully* the report]. のように副詞 (carefully) が動詞 (read) とその補部 (the report) の間に介在した場合の文法的なおかしさと同じであるといえる．一般的に動詞と目的語（の名詞句）の間には修飾要素を置くことはできない．

much と同じく，enough も通常，前置詞句とともには用いられない（例：*We left *enough* before the end of the meeting to catch our train.）．しかし，ほかの段階づけ表現とも結びつくイディオム的な意味をもつ前置詞句となら用いられる．その場合，enough がどのような位置に現れうるかを示すとつぎのようになる（(23) ではイディオム的な意味をもつ前置詞句として in control of ... (... を管理している) を例にとっている)．

(23) i. I'm not [*enough* in control of things to go away for a week].
ii. *I'm not [in *enough* control of things to go away for a week].
iii. ?I'm not [in control *enough* of things to go away for a week].
iv. ?I'm not [in control of things *enough* to go away for a week].
（私は 1 週間持ち場を離れられるほど物事を管理できていない）

(23i) にあるように，enough の標準的な位置は主要部（前置詞の in）の前である．前段落で示した一般的な規則（「enough は主要部とその補部の名詞句の間に現れることはできない」）により，enough が前置詞 in とその補部の名詞句 (control of things) の間に介在する (23ii) は非文となる．ここでの enough は前置詞 in を修飾する修飾語であって，名詞 control の限定詞ではない．つまり，(23ii) は We're in [*enough* trouble] as it is.（我々は実際のところ十分に困っている）のように，enough が限定詞として enough trouble と

(cf. You'll find the company's latest financial statement on your desk.)
（あなたの机に会社の最新の財務報告書がある）
通常，動詞の目的語は動詞の直後に置かれるが，(i) のように目的語が動詞に後続するほかの語句 (on your desk) よりも長くて「重い」名詞句（＝重名詞句）の場合には文末に置かれることもある．この重名詞句の後置に関する詳細については，本シリーズ第 9 巻の『情報構造と照応表現』を参照．

いう名詞句をつくっている例とは異なる（上でみた（21iva）も enough が限定詞として用いられている例である）．（23iii）と（23iv）で示された enough の位置は，かろうじて容認可能である．これらの位置に enough が置けるかどうかの判断には個人差があり，どんなイディオム的な意味をもつ前置詞句を用いるかによっても判断は変わってくる．たとえば，in love with の場合，He wasn't in love with her *enough* to give up his career.（彼は自分のキャリアを捨てるほどには彼女を愛していなかった）のように，（23iv）と同じ位置に enough が置かれても問題ないように思われる．

2.3　従属部としての副詞

形容詞の前に置かれる修飾語は典型的には副詞である（例：a [highly controversial] proposal［限定用法の形容詞の前］（大いに議論の余地のある提案），The proposal is [highly controversial].［叙述用法の形容詞の前］（その提案は大いに議論の余地がある））．副詞は一般的に程度を表すので，この形容詞を修飾するという副詞の特性は前節の段階づけと関係している．しかし，副詞の意味的な働きは決して程度を表すだけではない．たとえば，her [often irate] father-in-law（よく怒る彼女の義父）において，副詞の often は程度ではなく頻度を表している．また，an [obviously phonological] issue（明らかに音韻的な問題）においては，副詞の obviously は程度ではなく話者の判断を表す**法に関する修飾語（modal modifier）**であり，段階づけできない形容詞の phonological を修飾している．

この副詞によって修飾されるという性質により，形容詞は名詞と区別される．すでに述べたように，典型的に 1 語で名詞を修飾するのは形容詞であり，動詞を修飾するのは副詞である．そして，動詞を修飾しない very や too を除き，形容詞や副詞の修飾語は，概して動詞の修飾語の一部（subset）である．（24）の例がこのことを示している（二重下線部は主要部，下線部は修飾語を表している）．

(24)

		主要部	修飾語
i.	They were subjected to [excessive force]. （彼らは過度の暴力を振るわれていた）	名詞	形容詞
ii.	She [worries excessively]. （彼女は心配しすぎている）	動詞	副詞
iii.	He was [excessively persistent]. （彼はしつこすぎる）	形容詞	副詞
iv.	They had been driving [excessively fast]. （彼らは速く運転しすぎていた）	副詞	副詞

(24i) では名詞の force が形容詞の excessive によって修飾されているのに対し，(24ii) では動詞の worries は副詞の excessively によって修飾されている．また，(24ii) の動詞の場合と同じく，(24iii) の形容詞の persistent と (24iv) の副詞の fast も副詞の excessively によって修飾されている．したがって，どのような従属部をともなうかによって，叙述補部が形容詞句なのか，それとも限定詞をともなわない**裸名詞句 (bare NP)** なのかを判断することができる．たとえば，That's stupid.（それは愚かだ）と That's nonsense.（それはばかげたことだ）を比べてみよう．この場合，stupid も nonsense もどちらも be 動詞の補部の位置に現れている．しかし，stupid は修飾語に副詞をとるので形容詞（例：That's *utterly* stupid.（それはまったく愚かだ））であるが，nonsense は修飾語に形容詞をとるので名詞（例：That's *utter* nonsense.（それはまったくばかげたことだ））であることがわかる．

2.4 形容詞とほかの範疇との比較

ここまでの 3 つの節では，形容詞にどのような特徴があるかを示すことで，形容詞がいかにほかの範疇（品詞）と区別されるかをみてきた．この節では，形容詞を名詞，限定詞，動詞と順に比較することにより，形容詞についてさ

らに詳しくみていく.[9]

2.4.1　形容詞と名詞

名詞の性質のなかで形容詞との区別にもっとも関係してくるものを簡潔にまとめると，以下のようになる.[10]

(25) i. **融合体ではない主要部（non-fused head）**をもつ名詞句は，文のなかで主語，目的語，叙述補部になれる.[11]
　ii. 可算名詞は数によって屈折変化する.
　iii. 名詞は前に置かれる修飾語として典型的に形容詞をとる.
　iv. 名詞は従属部として限定詞をとる.

たとえば，They had left [some rotten apples] on the table.（彼らはテーブルの上に腐ったリンゴをいくつか置いていった）という文において，apples は以下に示すように (25) の 4 つの基準をすべて満たすため，名詞とみなされる.

① 目的語として機能する句の（融合体ではない）主要部である.　((25i))
② 単数形の apple が複数形（apples）に屈折変化している.　((25ii))
③ 形容詞の rotten によって修飾されている.　((25iii))
④ 限定詞の some によって限定されている.　((25iv))

(25i) に関しては，be 動詞を用いて何かを特定する指定文は，品詞を判断する識別テストとしては用いるべきではない．なぜなら，指定文においては，どんな主要な範疇の句も主語や叙述補部として生起できるからである.

---

[9] 本節では形容詞と前置詞の区別については扱わないが，両者の区別に関しては 2.1 節の「become，make，seem の叙述補部」および「文頭に置かれる叙述付加詞：被叙述要素条件」のところでふれられている．この形容詞と前置詞の区別に関しては，本シリーズ第 5 巻の『前置詞と前置詞句，そして否定』も参照.

[10] 名詞の特性についての詳細は，本シリーズ第 3 巻の『名詞と名詞句』を参照.

[11]「融合体ではない主要部」と限定されている理由については，この後の本節の (b)「名詞句の融合修飾部主要部として機能する形容詞」を参照.

たとえば，Rather more humble is how I'd like him to be.（もっと謙虚になるというのが，私が彼に望んでいることである）のような指定文では，how I'd like him to be の中身が Rather more humble によって特定されているが，この指定文の主語は形容詞句（Rather more humble）である．このように，指定文の場合は必ずしも主語が名詞句に限定されない．

形容詞と名詞は，(1) の形容詞の性質と (25) の名詞の性質によって，ほとんど明確に区別される．(1) と (25) の両方の性質を示す場合は，(26) のような**同音異義語（homonymy）**であることになる．

(26) i. It was a very professional performance. ［形容詞］
(それはとても本格的な演奏だった)
ii. She did better than all the professionals. ［名詞］
(彼女はすべての専門家より上手だった)

(26i) の限定用法の professional は，副詞の very によって修飾されていることから，形容詞であることがわかる．一方，(26ii) では professionals という複数形になっていることから，明らかに名詞である．つまり，名詞の単数形の professional は形容詞の professional と同音異義語であることになる．同様に，%It's a very fun thing to do.（それはとても楽しいことだ）のような例を容認する話者にとっては，このような形容詞の fun は We had some great fun.（私たちは大いに楽しんだ）における名詞の fun と同音異義語である（例文の文頭にある % は「ある方言でのみ文法的」ということを表す）．これらの例のように形容詞と名詞の間で意味的に密接な関係がある同音異義語は，**品詞の転換（conversion）**という語形成プロセスによって生じるものである．[12]

---

[12] なお，その場限りで使われ，用法として定着していない転換の例も存在する．たとえば，つぎの例は名詞の cutting-edge（最先端）が形容詞として使われている実例である．

(i) It's very innovative — it's *very* cutting-edge for Australia.
(それはとても革新的だ．オーストラリアにとって非常に最先端のものだ)

形容詞と名詞の区別は一般的にはかなりはっきりしたものであるが，さらに解説を加えておいたほうがよい点が2つあるので，以下でみていく．

(a) 限定用法の修飾語として用いられる名詞

まず，強調すべきことは，限定用法の修飾語として名詞を前から修飾するのは形容詞だけではないということである．ほかのさまざまな範疇，とりわけ名詞（あるいは小名詞句）も限定用法の修飾語として用いられる．(27) の例をみてみよう．[13]

(27) a government inquiry（政府調査）
student performance（学生演奏）
a London park（ロンドンの公園）
the Clinton administration（クリントン政権）
the Caroline factor（キャロライン要因）
the biology syllabus（生物学のシラバス）
a computer error（コンピューターエラー）

伝統的な学校文法では，(27) の下線部の名詞を形容詞として分析したり，「形容詞として用いられた名詞」であると述べたりする傾向がある（学術的な伝統文法ではそのような分析はしない）．しかし，後者のような考えは品詞と機能を混同している．(27) では，名詞が形容詞として用いられているのではなく，名詞が形容詞の典型的な機能である限定用法の修飾語として使われているのである．代名詞を除くと，(27) の例の London, Clinton, Caroline のような固有名詞も含め，ほとんどの名詞がこのような機能をもつことができる．これらの語はすべて主語名詞句や目的語名詞句の主要部となることができるため，名詞であることは明らかである．したがって，限定

語形成プロセスである品詞の転換に関しては，本シリーズ第10巻の『形態論と語形成』を参照．

[13] この点に関しては，本シリーズ第3巻の『名詞と名詞句』も参照．

用法の修飾語として機能している名詞を形容詞として分析してしまうと，形容詞という範疇があまりに雑多なものになってしまうし，さらには，形容詞と名詞の範疇が不必要に大きく重複してしまうことになる.[14]

また，段階づけができるかどうか，副詞を修飾語としてとれるかどうかという基準からも，限定用法の名詞を形容詞とみなすことはできない．限定用法の名詞は very や too，あるいは分析的な比較標識の more を修飾語としてとらないからである．より一般的にいうと，限定用法の名詞は副詞を修飾語としてとることはなく，もし修飾語をとる場合には，その修飾語は名詞が名詞句の主要部であるときにとる修飾語と同じ種類のものとなる．(28) の例をみてみよう．

(28) i. a. the federal government（連邦政府）
b. a federal government inquiry（連邦政府調査）
ii. a. mature students（成熟した学生）
b. mature student performance（成熟した学生の演奏）

名詞の government と student は (28) の (a) のように名詞句の主要部であるときも，(28) の (b) のように限定用法で使われているときも，いずれも修飾語として federal および mature という形容詞をとる．とくに，限定用法の government と student の場合も修飾語はそれぞれ形容詞の federal および mature であって，副詞の federally や maturely ではない (cf. *a federally government inquiry / *maturely student performance)．また，psychology student performance（心理学の学生による演奏）において限定用法として使われている名詞の student が psychology という名詞によって修飾されている

[14] 限定用法の修飾語の場合と名詞句の主要部の場合とで意味が異なるなら，その限定用法の修飾語は名詞とは考えない．たとえば，a maiden voyage（はじめての航海）における限定用法の修飾語の maiden は，a young maiden from Perth（パースからきた若い娘）のような名詞句の主要部の場合とは意味が異なる．よって，maiden は名詞を修飾すること以外に何も形容詞的な特徴をもたない（叙述用法や後置修飾では用いられず，従属部もいっさいとらない）が，形容詞として分析される．

ように，ほかの名詞が修飾語となることもよくある．このような修飾語の範疇の違いは，形容詞と名詞の同音異義語の場合にも同様にみられる．たとえば，a *characteristically* French response（典型的にフランス的な反応）においては，形容詞の French が副詞の characteristically によって修飾されているのに対し，an *Old* French dictionary（古フランス語の辞書）においては，名詞の French が形容詞の old によって修飾されている．

限定用法の名詞を用いた（27）の例は，叙述用法を用いて言い換えることができないという点で，限定用法の形容詞を用いたごく単純な例とも異なる．つぎの対比をみてみよう．

(29) i. **形容詞**

a. a red jacket（赤いジャケット）

b. The jacket is red.（そのジャケットは赤い）

ii. **限定用法の名詞**

a. a government inquiry（政府調査）

b. *The inquiry is government.

限定用法の形容詞（red）を用いた（29ia）は，（29ib）のように叙述用法を用いて言い換えることができるのに対し，限定用法の名詞（government）を用いた（29iia）を（29iib）のように叙述用法を用いて言い換えることはできない．しかしながら，何かを構成する素材を表す名詞の場合は，叙述用法で言い換えることが可能である．たとえば，cotton（綿）を限定用法で用いた a cotton sheet（綿のシーツ）は，The sheet is cotton.（そのシーツは綿だ（綿でできている））のように，叙述用法を用いて言い換えることができる．この点において，このタイプの名詞はより形容詞らしいといえるかもしれないが，どのような修飾語をとるかという「テスト」をしてみると，やはり名詞であることがわかる．というのも，このタイプの名詞は副詞ではなく形容詞によって修飾されるからである（例：a {*pure*/**purely*} cotton sheet（純粋な綿のシーツ），This sheet is {*pure*/**purely*} cotton.（このシーツは純粋な綿だ（綿でできている))).

(b) 名詞句の融合修飾部主要部として機能する形容詞

ある種の形容詞は，修飾部と融合した場合に主語や目的語の名詞句の主要部として機能することができる．(25i) の基準が融合体ではない主要部についてのみ言及しているのは，このようなケースがあるからである．形容詞が融合修飾部主要部となっている名詞句の例を (30) に示す．

(30) i. They will be playing modern music, but I prefer [classical].
(彼らは現代的な音楽を演奏するだろうが，私は古典的なもののほうが好きだ)

ii. She has answered [the most important of your criticisms].
(彼女はあなたの批判のうちもっとも重要なものに回答した)

iii. They claim the changes will benefit [only the very poor].
(彼らはその変更がとても貧しい人々のためにしかならないと主張している)

こうした例は，(26) に示した形容詞と名詞の同音異義語の例とは大きく異なる．(30) の下線部の語は機能的に名詞と似たところはあるが，名詞に分類できるほど名詞との共通点はもっていない．(30i) は**照応的** (**anaphorically**) に解釈されるタイプの**融合主要部** (**fused head**) の例である．具体的にいうと，music という先行詞があることによって，classical を classical music という意味に解釈することができる．そのような先行詞がなければ，普通は主要部となる名詞が必要となる．また，(30ii) と (30iii) の important や poor は段階づけに関して形容詞のようにふるまっている．(30ii) の important は most をともない分析的な最上級になっており，(30iii) の poor は副詞の very によって修飾されている．[15]

---

[15] この融合主要部についてのより詳細な記述と議論に関しては，本シリーズ第 3 巻の『名

2.4.2　形容詞と限定詞

本シリーズでは，現代の言語学のほとんどの研究における慣例に従い，形容詞と限定詞を根本的に異なる品詞として区別する立場をとる．これに対し，伝統文法では，限定詞は（ほぼ）完全に形容詞に含まれるものと考えられており，「**制限形容詞（limiting adjective）**」とよばれている（通常の形容詞は「**記述形容詞（descriptive adjective）**」とよばれている）．定冠詞と不定冠詞の扱いに関してはいくつかの異なる分析がある．20 世紀の伝統文法では，両者はほかの限定詞とともに，基本的には形容詞として分類されているが，なかには冠詞を独自の品詞とみなす研究もある．

■ 冠詞

冠詞（article）の the と a は，統語的にも意味的にも，good（よい）や bad（悪い）や happy（幸せな）といった典型的な形容詞とは明らかに大きく異なる．the と a の働きは名詞句が**定か不定か（definite or indefinite）**，つまり名詞の指示対象を特定できるか否かを示すことであり，形容詞のように主要部名詞の指示対象がもつ性質を表すことではない．また，the や a は形容詞のように段階づけができず，叙述的に用いることもできない．さらに，ほとんどの場合，**単数形の可算普通名詞（count singular common noun）**に対しては冠詞をつけなければならない．たとえば，I bought <u>the book</u>.（私はその本を買った）や I bought <u>a book</u>.（私は本を買った）とはいえるが，無冠詞の *I bought <u>book</u>. は非文となる．これに対して，形容詞は必ずしも単数形の可算普通名詞につく必要はない．以上のように，the と a を根本的に形容詞と区別して分類することには強い根拠がある．

■ 限定詞の基準

this（この）や that（あの），あるいは some（いくらかの）や any（何らかの）の

詞と名詞句』を参照.

ような語は，good，bad，happy といった形容詞よりも冠詞とより共通点が多いと考えられる．以下では，限定詞と判断するための 3 つの基準についてみていく．

(a) 冠詞と共起できない

明らかに限定詞の範疇に属する語は，冠詞と組み合わせることができない．たとえば，a good book（よい本）は可能だが，*a this book のように冠詞と限定詞を同時に用いると非文になる．この基準に基づくと，以下の (31) の語は限定詞に分類される．

(31) another（もう 1 つの），any（何らかの），each（それぞれの），either（どちらかの），enough（十分な），every（あらゆる），much（たくさんの），neither（どちらも～ない），**no**（何も～ない），some（いくらかの），that（あの），this（この），**we**$_{d}$（私たち），what$_{int/rel}$（どんな），whatever（どんな～でも），which（どの），whichever（どの～でも），you$_{d}$（あなたたち）

さらにこの基準によると，複数の語からなる a few（いくつかの）や a little（少しの）も限定詞に分類される．(31) にある we$_{d}$ や you$_{d}$ とは，we/you students（私たち／あなたたち学生）のように用いられるものであり，代名詞としての we や you とは区別される．[16] また，what$_{int/rel}$ は**疑問詞** (**interrogative**) あるいは**関係詞** (**relative**) の what であり，限定詞に分類される．**感嘆詞** (**exclamative**) の what はそれらとは異なり，What a disaster it was!（それはなんて悲惨な出来事だったのだ）のように冠詞の a と組み合わせること

---

[16] we$_{d}$ や you$_{d}$ の下付きの d は determinative（限定詞）を意味する．つまり，we$_{d}$ や you$_{d}$ は限定詞の働きを示す we/you のことを表している．事実，we/you students という例においては，we$_{d}$ や you$_{d}$ は名詞の students を we/you に限定している．このように，we$_{d}$ や you$_{d}$ は**定冠詞** (**definite article**) の the や限定詞としての**指示詞** (**demonstrative**) の this/that などと同じく，名詞を限定する働きをもつ．この点の詳細に関しては，本シリーズ第 3 巻の『名詞と名詞句』も参照．

ができることから，形容詞の範疇に含めるのが適切である（感嘆詞の what については，本節で後ほど扱う）．

(b) 可算単数名詞と共起できる

基数詞（cardinal）の one（1 つの）については，(a) の基準で限定詞とみなすことはできない．なぜなら，one は冠詞の the と共起できるからである（例：*the* one problem that remains（その残っている 1 つの問題）―ただし，one は a とは共起できない（cf. **a* one problem that remains)）．それでもやはり，one は可算単数名詞とともに用いられるという点で，冠詞や (31) にあげられている複数名詞または不可算名詞を要求しない限定詞と同じである．一例をあげると，I bought one/neither book.（私は本を 1 冊買った／どちらも買わなかった）のように，one は限定詞の neither と同じく，可算単数名詞の book とともに用いられる．これに対して，*I bought good book. のように，可算単数名詞の book が形容詞の good しかともなわない場合は非文になることから，one は形容詞ではなく限定詞であるといえる．

(c) 部分詞として用いられる

one 以外の**基数（cardinal numeral）**は**数量化（quantification）**に関係するという点で，意味的に one や (31) の多くの限定詞と類似している．この意味的な共通点により，統語的にも両者はともに (32a) のように限定詞と主要部が融合した**融合限定詞主要部（fused determiner-head）**になり**部分詞（partitive）**として用いられる．一方，(32b) にあるように，形容詞は比較級や最上級でない限り部分詞として用いることはできない（訳者注[17]参

---

[17] 訳者注：上の (30ii)（以下に再掲）では，形容詞の最上級（most をともなう分析的な最上級）の the most important が of 前置詞句（of your criticisms）をともなう部分詞として用いられている．

(i) She has answered [the most important of your criticisms].

このように，形容詞が比較級や最上級の場合は部分詞として用いることができる．

照）.

（32） a. one / three / which / neither of them
（それらの 1 つ／ 3 つ／どちら／どちらも）
b. *（the） good of them

（32b） の代わりに，the good ones among them （それらのなかでよいもの） などのような表現を用いる必要がある．（31） に含まれていない語で，この （c） の「部分詞として用いられる」という基準によって限定詞に分類されるものとしては，以下の （33） のような語があげられる．

（33） all （すべての），both （両方の），certain （特定の），few （少数の），
little （少しの），many （多くの），several （いくつかの），
sufficient （十分な），various （さまざまな） および，基数

■注意すべき語

・***many*，*few*，*much*，*little***

これらの語は，（c） の「部分詞として用いられる」という基準によって，限定詞に分類される （例：many of them （彼らの多く），much of it （その多く） など）．なお，much に関しては，（a） の「冠詞と共起できない」という基準も満たしている．しかし，これらの語は形容詞ともかなり類似するところがある．まず，many と few は叙述補部になることができる （例：Her virtues are many. （彼女の長所は多い））．より重要なのは，これら 4 つの語はすべて段階づけ可能であり，さらに屈折変化によって比較級と最上級を表すことである （more / most （many / much），fewer / fewest （few），less / least （little））．しかしながら，段階づけに関しても，これらの語を形容詞と区別する統語的特徴が 1 つある．つぎの対比をみてみよう．

（34） i. a. He made [so many mistakes].
（彼はとても多くのミスをした）

b. *He made [so numerous mistakes].

ii. a. He gave me [so much sugar].

（彼は私にとてもたくさん砂糖をくれた）

b. *He gave me [so hard work].

iii. a. ［可算単数名詞との共起なし］

b. He made [so big a fuss].

（彼はとても大きな騒ぎを起こした）

(34ib) と (34iib) にあるように，so によって修飾される形容詞句 (so numerous/so hard) は名詞 (mistakes/work) の前に置かれる修飾語にはなれない．so によって修飾される形容詞句が名詞句の修飾語になれるのは，(34iiib) のように不定冠詞の a の前に置かれる場合だけである．これに対して，(34ia) と (34iia) にあるように，限定詞の many や much は so をともなって名詞の前に修飾語として置くことができる．つまり，so numerous のような [so＋形容詞] は名詞句内の修飾語にはなれないが，so many/so much は限定詞として機能することができる．このような違いを示すのは so だけではなく，(34iiib) のように不定冠詞の a の前で形容詞を修飾することのできるすべての語に当てはまる（この点に関しては 3.3 節で詳しく述べる）．たとえば，how も so と同じく，不定冠詞の a の前で形容詞を修飾することができる（例：[How big a company] is it?（どれくらい大きな会社なんですか））．そして，この how も so にみられる (34ia) と (34ib) と同じ対比を示し，How many mistakes did they make?（彼らはいくつミスをしましたか）とはいえるが，*How numerous mistakes did they make? とはいえない．

・***sufficient***

sufficient（十分な）は，限定詞と形容詞の両方に分類できる．たとえば，sufficient helpers（十分なヘルパー）や sufficient help（十分な援助）のように sufficient が enough で置き換えられる場合（例：enough helpers/enough help）は限定詞であるが，a sufficient reason（満足のいく理由）のように，sufficient が「満足のいく（satisfactory）／十分によい（good enough）」といった意味で用いられている場合は形容詞である．限定詞の sufficient は上でみた限定詞の 3 つの基準のうち，(a) の「冠詞と共起できない」と (c) の「部分詞として用いられる」を満たしているが，可算単数名詞とは共起しないため，(b) の基準は適用できない．しかしながら，sufficient は主要部の後ろには置かれないので，enough よりも使われ方が限定される．たとえば，time enough（十分な時間）とはいえるが *time sufficient とはいえない．同様に，good enough（十分によい）とはいえるが *good sufficient とはいえず，代わりに sufficiently good のようにいう必要がある．このように，-ly がつくと sufficiently という副詞になるという点においても，sufficient は典型的な限定詞とは区別される．

・感嘆詞の ***what***

感嘆詞の what については，疑問詞や関係詞の what とは異なり，形容詞であると考える．事実，感嘆詞の what は上でみた (a) から (c) の限定詞の 3 つの基準をいずれも満たさない．たとえば，(a) の「冠詞と共起できない」という基準に関して，可算単数名詞を用いた感嘆文の What a great book that is!（あれはなんて素晴らしい本なのだろう）と疑問文の What book is that?（あれは何の本ですか）を比較してみよう．前者では a が必要とされるのに対し，後者では a を用いることはできない．この感嘆詞の what の使い方は形容詞の such の使い方と同様である（例：such a thing（そのようなこと））．また，what a great book において，感嘆詞の what は (34iiib) の so big a fuss の形容詞句 so big と同じく限定詞（不定冠詞の a）の前に置かれていることから，限定詞前修飾の機能をもつ形容詞であるといえる（限定詞前修飾については，2.1 節の「形容詞のさらなる機能」を参照）．

2.4.3　形容詞と動詞

動詞の現在形や過去形などの**主要形（primary form）**および**原形（plain form）**は，明らかに形容詞とは異なる．唯一問題となるのは，現在分詞形と過去分詞形の場合である．なぜなら，これらの**分詞形（participle）**と同音異義となる形容詞が多く存在するからである．本節では，動詞の分詞形と形容詞が be 動詞に後続する場合と名詞を修飾する場合についてみていく．

■be 動詞に後続する場合

動詞の現在分詞形は**進行相（progressive aspect）**を表す be 動詞に後続し，過去分詞形は**受動態（passive voice）**を表す be 動詞に後続する．一方，形容詞は**連結詞（copula）**としての be 動詞に後続する．つぎの例をみてみよう．

(35)

	動詞の分詞形		分詞形の形容詞
i. a.	She was sleeping.　［進行］ （彼女は眠っていた）	b.	This was disturbing. （これは気がかりだった）
ii. a.	He was killed.　［受動］ （彼は殺された）	b.	He was very distressed. （彼はとても苦しんでいた）
iii. a.	They were seen.　［受動］ （彼らは見られた）	b.	He was drunk. （彼は酔っ払っていた）

ここでは動詞の分詞形と**分詞形の形容詞（participial adjective）**について要点のみをまとめる．[18] 形容詞であることを示すための1つのテストとして，be 動詞を seem（～らしい）や become（～になる）のような叙述補部をとる**複合自動詞（complex-intransitive verb）**に入れ替えられるかどうかということがあげられる．具体的にいうと，複合自動詞とともに使える場合は形容詞

---

[18] 動詞の分詞形と分詞形の形容詞の区別に関する詳細は，本シリーズ第1巻の『動詞と非定形節，そして動詞を欠いた節』および第9巻の『情報構造と照応表現』を参照．

になる．まず，(35) の (b) の例はすべて be 動詞を複合自動詞に置き換えられる（例：This *seemed* disturbing. ((35ib) 参照), He *became* very distressed. ((35iib) 参照), He *appeared* drunk. ((35iiib) 参照)). これに対して，(35) の (a) の例はいずれも be 動詞を複合自動詞に置き換えることができない（例：*She *seemed* sleeping. ((35ia) 参照), *He *became* killed. ((35iia) 参照), *They *appeared* seen. ((35iiia) 参照)). よって，(35) の (b) の下線部の語は形容詞であることになる．2 つ目のテストとして，very や too によって修飾できるかどうかということがあげられる．2.2 節でみたように，very や too によって修飾できる場合は形容詞になる．まず，(35iib) では distressed は very で修飾されているが，同様に (35ib) の disturbing と (35iiib) の drunk も very で修飾することが可能である（例：This was *very* disturbing. / He was *very* drunk.)．これに対して，(35) の (a) の下線部の語はいずれも very で修飾することができない．よって，(35) の (b) の下線部の語は形容詞であることになる．3 つ目のテストは意味に関するものである．たとえば，(35iiib) の形容詞の drunk（酔っている）は動詞の過去分詞形の drunk とは意味が異なる（例：The milk had already been drunk.（その牛乳はすでに飲まれていた)）．ただし，必ずしもこのようなはっきりとした意味の違いが生じるとは限らないため，このテストは上の 2 つのテストと比べてはるかに一般性が低い．

動詞の分詞形と分詞形の形容詞は補部にとるものの違いによっても区別されることが多い．もっともはっきりしているのは，他動詞の現在分詞形は目的語をとるのに対し，分詞形の形容詞は目的語をとることはないということである．したがって，She was mowing the lawn.（彼女は芝を刈っていた）における mowing は目的語の the lawn をとっているため動詞であることがきわめて明白である．逆に，(35ib) の disturbing は目的語をとっていないので動詞として解釈することはできない．動詞として用いられる場合には，This was disturbing me.（これが私の邪魔をしていた）のように目的語をとる (disturb という動詞は Don't disturb.（邪魔しないで）のように目的語なしでも用いられるが，(35ib) の disturbing にそのような自動詞用法の解釈を与えるのは妥当ではない).

be 動詞に後続する過去分詞は完了ではなく受け身の解釈をもつが，対応する分詞形の形容詞についても，通常，同じことがいえる (上の drunk (酔っている) のように意味的に特殊化されている場合を除く). たとえば，(35iib) の distressed は，動詞 distress の受け身の意味 (=「苦しめられる」) から生じた結果状態 (=「苦しんでいる」) を表している．ただし，いくつか例外もある．たとえば，Kim is retired. (キムは退職している) では，retired は動詞 retire の完了の意味 (=「(キムが) 退職した」) から生じた結果状態を表している．同じように，They are gone. (彼らはいなくなった) の gone は，動詞 go の完了の意味 (=「(彼らが) 去った／出発した」) から生じた結果状態を表している.[19]

■名詞を修飾する場合

動詞の分詞形と分詞形の形容詞が名詞を修飾する例をみてみよう.

(36)

	動詞の分詞形	分詞形の形容詞
i.	a. a sleeping child (眠っている子ども)	b. some disturbing news (不安にさせるニュース)
ii.	a. a rarely heard work by Purcell (めったに耳にしないパーセルの作品)	b. her very worried parents (とても心配している彼女の両親)

上でみた be 動詞に後続する場合の動詞の分詞形と分詞形の形容詞の区別に関する基準のうち，「複合自動詞との入れ替えが可能か」と「補部に目的語

[19] gone という形容詞は，くだけた文体ではさまざまな特殊化された意味をもつ．たとえば，「妊娠している」(例：She's five months gone. (彼女は妊娠 5 ヶ月だ)) や「夢中になっている」(例：He's quite gone on her. (彼はすっかり彼女に夢中になっている)) などの意味をもつ.

をとるか」という2つの基準は，名詞を修飾する場合には適用することができない．まず，(36) には be 動詞が使われないため，そもそも seem や become などの複合自動詞で置き換えるという基準は使えない．また，ほとんどの場合，限定用法の修飾部は補部をとることができないため，*a [mowing the lawn] gardener のように目的語補部をとることで動詞であることをはっきり示すような例は存在しない．よって，名詞を修飾する場合の動詞の分詞形と分詞形の形容詞の区別はそれほどはっきりとしたものではない（とくに，過去分詞の場合は間違いなく両者の区別ははっきりしない）．

「very による修飾が可能か」という基準は，この場合も形容詞であることの必要条件ではないが十分条件となる．(36iib) では worried が very で修飾されているが，同じように (36ib) の disturbing も some *very* disturbing news のように very で修飾することができる．一方，(36ia) の sleeping と (36iia) の heard は very で修飾できない（*a *very* sleeping child / *a *very* heard work by Purcell）．同様に，動詞と意味が異なっていることは，形容詞であることを判断する十分な根拠となる．たとえば，a winning smile（愛嬌のある笑顔）における winning は，動詞 win（勝利する）の意味とはかけ離れているため，形容詞だと判断できる．また，この例ほどはっきりしていないが，the winning team（勝利チーム）も，「{勝ちつつある／勝ちつつあった} チーム（"the team that is / was winning"）」という意味ではなく，「{勝利をおさめる／おさめた} チーム（"the team that wins / won"）」という意味になるため，動詞の現在分詞とは意味が異なる．よって，この the winning team の winning も動詞ではなく形容詞と考えられる．

一般的には，叙述用法の形容詞として用いることができなければ動詞であると考えられる．すでに上でみたように，sleeping（眠っている）には叙述用法の形容詞としての用法がない（*She *seemed* sleeping.）．同様に，a smiling face（微笑んでいる顔），the sinking ship（沈みかけの船），a dying man（死にかけの男）の下線部の語も叙述用法として用いることができないため，動詞と考えられる．さらに，(36iia) における heard，あるいは this frequently visited shrine（この頻繁に訪問される神社），the murdered man（その殺害された男）などの下線部の過去分詞についても同様である．

be 動詞に後続する場合と同じく，限定用法で用いられる過去分詞とそれに対応する形容詞は，通常，受け身の解釈をもつ．たとえば，(36iia) の a rarely heard work というのは，人がめったに耳にしない（つまり，めったに耳にされない）作品のことである．しかし，ここでもまた，かなり少数ではあるが例外がある．fallen rocks（落ちた岩），a failed businessman（失敗したビジネスマン），the escaped prisoner（脱獄した囚人），a grown man（成長した男），the recently departed guests（最近出発した客）などの例において，下線部の語は受け身ではなく完了（結果状態）の意味で解釈されている．これらの語の範疇をはっきり判断するのは難しいが，叙述用法の形容詞として用いることができないことを考えると，動詞とみなすのが適切だと思われる．

第 3 章　形容詞句の構造

形容詞句は，動詞句や名詞句などと同じく，かなり複雑な内部構造をもちうる．具体的にいうと，主要部である形容詞の後ろに補部が続き，さらに修飾部が主要部の前か後ろに置かれることがある．

3.1　補部化

形容詞の多くが後ろに補部をとる．形容詞の後ろにくる補部は，名詞の後ろにくる補部と同じく，ほとんどが前置詞句か節である．

■随意的な補部と義務的な補部

ほとんどの場合，形容詞句の補部は随意的な要素である．つまり，義務的に必要というよりも，主要部の形容詞によって認可される．つぎの (a) の例と (b) の例を比べてみよう．

(1) i. a. He was [afraid <u>of dogs</u>]. (彼は犬が怖かった)
　　b. He was [afraid]. (彼は怖かった)
　ii. a. Kim was [very keen <u>to take part</u>].

（キムは参加することを強く熱望していた）

b. Kim was [very keen].（キムは強く熱望していた）

iii. a. He's [happy to leave it to you].（彼は喜んできみに任せる）

b. He's [happy].（彼はうれしそうだ）

しかしながら，補部が明示されていなくても，省略された補部を文脈から補って解釈される場合もある．たとえば，(1iib) の keen の場合，何を熱望していたのかを文脈から補って解釈される．一方，(1iiib) の happy の場合は，とくに文脈から補部を補う必要はなく，「うれしい」という意味を表す．

形容詞のなかには限定用法ではない場合，補部を統語的に必ずとらなければならないものもある．

(2) i. a. They are [mindful of the danger].

（彼らはその危険を意識している）

b. *They are [mindful].

ii. a. We were [loath to accept their help].

（私たちは彼らからの援助を受け入れることを渋っていた）

b. *We were [loath].

iii. a. They were [fraught with danger].

（彼らは危険と背中合わせだった）

b. They were [fraught].（彼らは悩んでいた）

通常，補部をとるかとらないかで主要部の形容詞の意味がまったく別の意味になってしまう場合は，補部が義務的であると捉えられる．このことは (2iii) の例に当てはまる．補部 (with danger) をとる (2iiia) の fraught は「(〜に) 満ちた (full (of))」「〜に満たされた (charged)」「〜をともなった (accompanied (by))」といった意味を表すが，補部をとらない (2iiib) の fraught は「心配な (anxious)」「苦しむ (distressed)」「不安や悩みを引き起こす (causing anxiety/distress)」という意味になる．叙述用法や後置修飾で使われる際に補部を義務的に要求する形容詞には限定用法がない場合が非常に多いが，なかには限定用法をもつものもある．その場合は補部をともなわない．つぎの例を比べてみよう．

(3) i. a. This is [tantamount to a confession].
(これは自白したと同じことだ)
b. *their tantamount confession
ii. a. They were [heedless of the danger].
(彼らは危険に対して無頓着だった)
b. this heedless destruction of the forests
(この思慮のない森林破壊)

(3) の (a) の例の下線部は形容詞の tantamount と heedless が義務的に要求する補部であるが，tantamount が (3ib) のように限定用法で用いられないのに対し，heedless は (3iib) のように限定用法が許される．しかし，限定用法で使われた場合は，補部をとることはほぼ許されない．

■補部をとらない形容詞

かなり多くの形容詞がいかなる種類の補部もとらない．たとえば，下のリストにあげた形容詞が補部をとる例を見つけたり，そのような例を思いついたりすることはかなり困難である．

(4) ambulatory (歩行の), bald (はげた), concise (簡潔な),
dead (死んだ), enormous (巨大な), farcical (ばかげた),
gigantic (巨大な), hasty (急な), immediate (即時の),
jaunty (快活な), lovely (かわいらしい), main (主要な),
nefarious (無法な), ostentatious (仰々しい), purple (紫の),
quiet (静かな), red (赤い), regular (規則的な), salty (塩気のある),
tentative (仮の), urban (都市の), vivid (あざやかな),

wild（野生の），young（若い）

■前置詞句補部

ここでは，形容詞の補部が前置詞句の場合についてみていく．形容詞の補部にくる前置詞を 1 つ 1 つとりあげ，その前置詞を主要部とする前置詞句が補部となっている形容詞句の例をいくつかあげる．その後で，その前置詞句を補部にとることのできる形容詞を列挙する．その形容詞のリストのなかで下線が引かれているのは，限定用法ではない場合に（ある特定の意味において）補部が義務的，または実質的に義務的な形容詞である．[1]

① 形容詞＋*about*

(5)　annoyed about the delay（その遅れにいら立っている）
　　concerned about the cost（その費用のことを心配している）
　　mad about you（あなたに夢中である）

(6)　aggrieved（悩んでいる），angry（怒っている），
　　annoyed（いら立っている），concerned（心配している），
　　cross（不機嫌な），delighted（楽しい），glad（うれしい），
　　happy（幸せな），knowledgeable（見識のある），mad（夢中である），
　　pleased（喜んでいる），reasonable（筋の通った）

ほとんどの場合，about は at で置き換えられる（例：annoyed at the delay）．mad が「怒っている（angry）」という意味で使われた場合は at と about の両方が可能であるが，(5) にあるように「熱中（enthusiasm）」や「愛（love）」という意味で使われた場合は about のみ可能であり，補部も義務的に要求

---

[1] ここではとりあげていないが，against を主要部とする前置詞句を補部にとる形容詞が 1 つだけある．それは proof である（例：No security system is proof against the truly professional burglar.（どんなセキュリティーシステムも本当のプロの住居侵入者に対しては効果がない））．

される．また，どちらの意味でも mad はインフォーマルな場面で使われる．

② 形容詞＋***at***

(7) aghast at the news（そのニュースに仰天している）
indignant at the allegations（その申し立てに憤慨している）
pleased at being invited（招待されて喜んでいる）
adept at making people feel at home
（人々をリラックスさせるのがうまい）
good at chess（チェスがうまい）
hopeless at arithmetic（算数ができない）

(8) adept（精通している），aghast（仰天している），alarmed（おびえている），amazed（驚いている），amused（おもしろがっている），angry（怒っている），astonished（びっくりしている），bad（下手だ），brilliant（優秀だ），clever（うまい），delighted（喜んでいる），disgusted（うんざりしている），gifted（秀でている），good（うまい），hopeless（できない），indignant（憤慨している），mad（怒っている），marvellous（優秀だ），pleased（喜んでいる），puzzled（困惑している），skilled（長けている），superb（とてもうまい），talented（才能がある），terrible（ひどく下手だ）

これらの形容詞は意味的に 2 つのグループに分けられる．1 つは，aghast や indignant のように，補部の at 句が表す出来事に対する心理的な反応を表す形容詞である．この場合，at は基本的に about で言い換えられる．もう 1 つは，adept や good のように，特性や能力，もしくは短所を表す形容詞で，この場合，at 句はその分野（得意分野など）を表す．

③ 形容詞＋*by*

(9)　very distressed by these insinuations
(これらの当てこすりに非常に苦しんでいる)
completely unaffected by the changes
(その変化によってまったく影響を受けない)

(10)　amused (おもしろがっている), distressed (苦しんでいる), hurt (傷ついている), unaffected (影響を受けない), unperturbed (かき乱されない), worried (心配している)

この場合の形容詞は受け身で使われる過去分詞から派生したものに限られる.[2]

④ 形容詞＋*for*

(11)　responsible for the poor performance
(業績不振に対して責任がある)
bad for you (あなたにとって悪い)
greedy for power (権力を欲しがっている)

(12)　answerable (責任がある), anxious (切望している), bad (悪い), difficult (難しい), eager (熱望している), easy (簡単だ), good (よい), grateful (感謝している), greedy (切望している), necessary (必要な),

---

[2] They were married には出来事を表す受け身の解釈 (be＋動詞の過去分詞) と出来事から生じる状態を表す形容詞の解釈 (be＋形容詞) の 2 つの解釈がある. この解釈の違いは文脈によって明確になる. つぎの文をみてみよう.

(1) a. They were married last week in London.　**[受け身の解釈]**
(彼らは先週ロンドンで結婚した)
b. Hardly anyone knew that they were married.　**[形容詞の解釈]**
(ほとんど誰も彼らが結婚していることを知らなかった)

動詞の過去分詞と形容詞の区別に関する詳細は, 本書の 2.4.3 節および本シリーズ第 9 巻の『情報構造と照応表現』を参照.

responsible（責任がある），sorry（申し訳なく思っている）

⑤ 形容詞＋*from*

(13) divorced from reality（現実とかけ離れている）
remote from everyday life（日常生活からかけ離れている）
distinct from each other（お互いに異なる）

(14) alienated（疎外されている），averse（反対である），
different（異なる），differentiated（区別される），
distant（離れている），distinct（異なる），divorced（かけ離れている），
free（～がない），immune（免れている），remote（かけ離れている），
removed（離れている），separated（分離している）

averse，different，immune は to もとる（とくに，averse の場合は to のほうが強く好まれる）．free の場合，from は of と言い換えられる．

⑥ 形容詞＋*in*

(15) bathed in sunlight（太陽光をいっぱいに浴びている）
fortunate in our choice（私たちの選択に関して運がいい）
confident in my ability（自分の能力に自信がある）
covered in dust（ほこりにまみれている）
dressed in military uniform（軍服を着ている）
engaged in a court battle（法廷闘争を繰り広げている）
steeped in history（歴史に名を残している）

(16) bathed（浴びている），clothed（着ている），confident（自信がある），
covered（覆われている），decisive（決め手となる），
domiciled（定住している），dressed（着ている），
embroiled（巻き込まれている），engaged（従事している），

fortunate（運がいい），inherent（内在している），
interested（興味がある），lacking（欠いている），lucky（運がいい），
rooted（根を下ろしている），secure（安心している），
steeped（染まっている），swathed（包まれている）

covered は with もとる．とくに covered with a blanket（毛布で覆われている）のような例においては in よりも with が好まれる．

⑦ 形容詞＋***of***

(17) afraid of dogs（犬が怖い）
capable of murder（人を殺しかねない）
fond of children（子どもが好きだ）
sure of his facts（彼の申し立てを信頼している）
indicative of its importance（その重要性をほのめかしている）
supportive of her husband（彼女の夫を支えている）
very kind of you（あなたは非常に親切だ）

(18) i. afraid（怖い），ashamed（恥じている），aware（気づいている），
beloved（愛されている），bereft（失った），capable（能力がある），
certain（確かな），characteristic（特有な），cognisant（認識している），
conscious（気づいている），constitutive（構成されている），
convinced（確信している），desirous（望んでいる），
destructive（破壊する），devoid（欠いている），
distrustful（不信感を抱いている），fond（好きだ），full（いっぱいだ），
heedless（顧みない），ignorant（知らない），illustrative（例証となる），
indicative（示している），mindful（気を配っている），
productive（生ずる），proud（誇りに思っている），
reminiscent（思わせる），representative（表している），
respectful（尊重している），scared（おびえている），

short（不足している），suggestive（思い出させる），
supportive（支持している），sure（確かな），tired（飽きている），
wary（用心深い），worthy（価値がある）

ii. careless（軽率だ），considerate（思いやりがある），
generous（寛大だ），good（親切だ），honest（正直だ），
idiotic（バカだ），kind（親切だ），naive（うぶだ），noble（立派だ），
pleasant（感じのよい），silly（愚かだ），stupid（愚かだ）

beloved は過去分詞の loved をなかに含んでいる．そのため，beloved を用いた文の意味役割の配置は loved を使った受け身文の場合と同じになる．つぎの文を比べてみよう（両者ともに「この戦略は行政官たちに（とても）好まれている」という意味を表す）．

（好まれる対象）			（好む人）	----- ［意味役割］
This tactic	is much beloved	of	administrators.	
This tactic	is loved	by	administrators.	

(18ii) にある形容詞は通常，[it＋後置主語] の構文の中で使われ，人を主語とする文で書き換えることが可能である．

It was very kind *of you to wash the dishes.*
You were very kind to wash the dishes.
（食器を洗ってくれるとは，あなたは親切だ）

⑧ 形容詞＋*on / upon*

(19) based on / upon firm evidence（しっかりした証拠に基づいている）
bent on / upon vengeance（復讐を決意している）
incumbent on / upon us（我々に課せられている）
set on / upon regaining power

（権力を取り戻すことに意気込んでいる）
a bit tough on the audience（少し聴衆に対して厳しい）
sweet on her（彼女に夢中になっている）

(20) i. based（基づいている），bent（決意している），
contingent（次第である），dependent（依存している），
incumbent（課せられている），intent（熱心な），
reliant（依存している），set（決意している）
ii. big（大好きだ），easy（優しい），hard（きつい），keen（熱心だ），
severe（厳しい），sweet（夢中になっている）

upon は on よりもいくぶんフォーマルな語であり，(20i) の形容詞とは使われるが，(20ii) のようなインフォーマルな形容詞とは使われない（とくに，(20ii) の意味で使われる big と sweet は非常にインフォーマルである）．

⑨ 形容詞＋*to*

(21) accustomed to getting his own way
（自分の好きなようにすることに慣れている）
allergic to morphine（モルヒネに対してアレルギーがある）
beholden to no one（誰にも恩がない）
good to me（私に対して親切だ）
responsible to the president
（大統領に対して責任がある／報告義務がある）
similar to mine（私の物に似ている）
subject to revision（改定されやすい）

(22) accustomed（慣れている），allergic（アレルギーがある），
allied（同類である），answerable（責任がある），
attributable（原因がある），attuned（慣れている），averse（反対である），
beholden（恩がある），comparable（匹敵する），

conducive（伝導性のある），congruent（合っている），
connected（つながりがある），devoted（傾倒している），
different（異なる），distasteful（不快だ），due（与えられるべき），
equal（等しい），equivalent（相当する），generous（寛大だ），
good（親切だ），hospitable（愛想がいい），hostile（敵意がある），
impervious（受けつけない），inclined（～したいと思う），
inferior（劣っている），injurious（有害だ），integral（不可欠だ），
kind（親切だ），liable（義務がある），mean（意地悪だ），nice（親切だ），
opposed（対立している），parallel（平行だ），prone（傾向がある），
proportional（比例している），receptive（受容力がある），
reconciled（甘んじている），related（関係がある），
resigned（甘受している），resistant（耐性がある），
responsible（責任がある），similar（似ている），subject（受けやすい），
subordinate（従属している），subservient（へつらっている），
superior（優れている），susceptible（影響されやすい），
tantamount（同等だ）

⑩ 形容詞＋***toward*(*s*)**

(23) very friendly towards us（我々にとても友好的だ）
strongly inclined towards the other candidate
（ほかの候補者のほうへ強く傾いている）
respectful towards authority（権威に対して敬意を表している）
not very sympathetic towards new ideas
（新しい考えにあまり共感しない）

(24) antagonistic（対立している），friendly（優しい），
hostile（敵意がある），inclined（傾いている），
respectful（敬意を表している），sympathetic（共感している）

おそらく inclined の場合を除いて，towards の代わりに to も使われる．

⑪ 形容詞＋*with*

(25)　careful with money（お金に気をつけている）
conversant with the rules（その規則に精通している）
fed up with the noise（騒音にうんざりしている）
good with her hands（手先が器用である）
happy with the result（その結果に満足している）
obsessed with sex（セックスのことが頭から離れない）
tinged with gold（金色がかっている）

(26)　angry（怒っている），annoyed（ムカついている），
bored（うんざりしている），browned off（うんざりしている），
busy（忙しい），careful（気をつけている），cautious（慎重である），
comfortable（満足である），compatible（互換性がある），
concerned（関係がある），connected（関係がある），
consonant（調和している），content（満足している），
conversant（精通している），covered（覆われている），
cross（怒っている），delighted（満足している），
depressed（がっかりしている），disappointed（失望している），
disgusted（うんざりしている），distressed（苦しんでいる），
effective（有効だ），enchanted（魅了されている），
familiar（熟知している），fed up（飽き飽きしている），
firm（断固とした態度をとっている），fraught（満ちている），
friendly（親しい），furious（怒り狂っている），gentle（親切だ），
good（熟達している），happy（満足している），harsh（厳しい），
impatient（いらいらしている），obsessed（熱中している），
occupied（夢中になっている），parallel（対応している），

pleased（満足している），reckless（意に介さない），
riddled（いっぱいである），rife（充満している），
satisfied（満足している），sick（むかついている），
skilful（熟練している），stricken（(病気に) かかっている），
strict（厳しい），taken（(病気に) かかる），tinged（帯びている）

⑫ 形容詞＋比較の ***as / than***

(27) a. %different than it used to be（以前とは異なる）
b. the same as last time（前回と同じ）

(28) a. %different（異なる），other（以外の／異なる）
b. same（同じ），?similar（似ている），such（そのような）

上の例において，% は「ある方言でのみ文法的」であること，? は「文法性が疑わしい」ことを表している．(28a) にある形容詞は比較の対象が同程度ではないことを表し，than をとる．一方，(28b) にある形容詞は比較の対象が同程度であるという同等比較を表し，as をとる．[3] different は from や to もとるが，(27a) のように different が than をとる例に関しては，イギリス英語では容認性に揺れがある．また，(28b) の similar は通常 to をとり，アメリカ英語やイギリス英語といった違いにかかわらず，as をとるのはまれである．

■節補部

形容詞句が補部に節をとる場合，その節の種類は以下のようになる．[4]

---

[3] 比較構文の詳細に関しては，本シリーズ第 7 巻の『関係詞と比較構文』を参照．

[4] (29) の 8 つの節は**定形節** (**finite clause**) と**非定形節** (**non-finite clause**) に分けられる．具体的にいうと，(29i) から (29iv) の**平叙内容節** (**declarative content clause**)，**命令節** (**mandative**)，**疑問節** (**interrogative**)，**感嘆節** (**exclamative**) は定形節であり，(29v) から (29viii) の to 不定詞節と ing 節は非定形節である．非定形節はさらに目的語に**空所** (**hollow**) があるかないかで 2 つのタイプに分けられる．つぎの (i) と (ii) を比べてみよう．

(29) i. I'm [glad that you were able to come]. ［平叙内容節］
(あなたがくることができてうれしい)

ii. She was [insistent that the charge be dropped]. ［命令節］
(彼女は起訴を取り下げることを強く要求した)

iii. I'm not [sure whether that will be possible]. ［疑問節］
(それが可能かどうかはわからない)

iv. I was [amazed what a fuss he made]. ［感嘆節］
(私は彼があんなに騒ぎ立てたことにびっくりした)

v. She is [willing to renegotiate the deal]. ［to 不定詞節］
(彼女は取り引きの再交渉に前向きである)

vi. Kim is [hard to please]. ［目的語空所を含む to 不定詞節］
(キムは気難しい)

vii. She was [busy marking assignments]. ［ing 節］
(彼女は宿題の採点で忙しかった)

viii. The offer is certainly [worth considering]. ［目的語空所を含む ing 節］
(その申し出は間違いなく考慮に値する)

(i) 目的語に空所がない非定形節
a. She is willing [to renegotiate the deal]. (= (29v)) ［to 不定詞節］
b. She was busy [marking assignments]. (= (29vii)) ［ing 節］

(ii) 目的語に空所がある非定形節
a. Kim is hard [to please ___]. (= (29vi)) ［目的語空所を含む to 不定詞節］
b. The offer is certainly worth [considering ___]. (= (29viii)) ［目的語空所を含む ing 節］

(i) にあるように，ほとんどの非定形節は主語を含まない．これに対して，(ii) のように (主語だけでなく) 目的語も含まない非定形節もある．まず，(iia) の to 不定詞節では，動詞 please の目的語が明示されていないことが下線で示されている．このような場合，通常，明示されていない目的語は主節の名詞句 (Kim) になる．同様に，(iib) の ing 節でも動詞 considering の目的語が明示されていないが，この場合も明示されていない目的語は主節の名詞句 (the offer) になる．定形節と非定形節の詳細に関しては，それぞれ本シリーズ第 6 巻の『節のタイプと発話力，そして発話の内容』と第 1 巻の『動詞と非定形節，そして動詞を欠いた節』を参照．

(29iii) と (29iv) では，疑問節と感嘆節が形容詞と直接結びついているが，両者は前置詞を介して形容詞と結びつく場合がある．以下に例をあげる．

They weren't interested in [why we were protesting]. ［**疑問節**］
（彼らはなぜ私たちが抗議をしているかについて関心がなかった）

They seemed surprised at [how strongly we felt about the issue]. ［**感嘆節**］
（彼らは私たちがその問題についていかにはっきりとした意見をもっているかを知って驚いたようだ）

■ 名詞句補部

形容詞は名詞と同じく，名詞句と結びつく場合，通常は名詞句を直接補部としてとらずに前置詞を必要とする．しかし，補部に名詞句を直接とる形容詞が4つある．それは，due，like，unlike と worth である．つぎの例をみてみよう．

(30) i. The book turned out to be [worth seventy dollars].
（その本は70ドルの価値があることがわかった）

ii. Jill is [very like her brother].
（ジルはとても兄に似ている）

worth の補部の名詞句は被叙述要素 (the book) の価値を表している．[5] この

---

[5] (30i) は The book is seventy dollars が成り立つことからもわかるように，worth の補部の seventy dollars は意味的には述部として機能している．このように，述部として機能する補部は叙述補部とよばれるが，この叙述補部が関係する要素が被叙述要素となる．被叙述要素は主語の場合と目的語の場合がある．つぎの例をみてみよう．

(i) a. **Ed** seemed [quite competent]. ［**被叙述要素：主語 (Ed)**］
（エドはきわめて優秀であるように思われた）

b. She considered **Ed** [quite competent]. ［**被叙述要素：目的語 (Ed)**］
（彼女はエドをきわめて優秀だと思った）

(i) では動詞 (seem および consider) の補部である quite competent はともに Ed の述部と

場合の価値は，(30i) にあるように seventy dollars のような金額かもしれないし，もっと抽象的な価値を表す場合もある（例：I'm sure you'll find this [worth the effort / your time]（あなたはきっと今回のことは {苦労した／時間をかけた} だけの甲斐があったと思うでしょう））．like は比較するものが同等であることを示す場合に使われ，unlike は同等ではないことを示す場合に使われる.[6] さらに，like と unlike は形容詞としてだけでなく前置詞としても使われる.[7]

して機能する叙述補部である．しかし，叙述補部の quite competent が関係する被叙述要素の Ed は，(ia) では主語であるが (ib) では目的語であるという違いがある．叙述補部の詳細に関しては，本シリーズ第 2 巻の『補部となる節，付加部となる節』を参照.

[6] つぎの (i) にあるように，同等比較においては like の代わりに as を使うことはできない.

(i) a. Jill is {like / *as} her mother.
（ジルは母親に似ている）
b. {Like / *As} you, I welcome this decision.
（あなたと同じく，私もこの決断を喜んで受け入れます）

また，like を使う場合と as を使う場合とでは，文の解釈が異なる.

(ii) a. Jill was talking like a lawyer.
（ジルは弁護士のように話していた）
b. Jill was talking as a lawyer.
（ジルは弁護士として話していた）

(iia) のように like を使った場合は同等比較を表すため，「弁護士と同じように」という意味になる．この場合，ジルは弁護士であるかもしれないし，ないかもしれない．一方，(iib) のように as を使った場合は「弁護士の立場で (in her capacity of lawyer)」という意味になり，この場合はジルは弁護士であることになる．同等比較（および unlike のように同等ではないことを表す比較）構文の詳細に関しては，本シリーズ第 7 巻の『関係詞と比較構文』を参照.

[7] like には形容詞と前置詞の両方の用法がある.

(i) a. John is (very) like his father.　**[形容詞]**
（ジョンは (とても) 父親に似ている）
b. Like his father, John had been called to give evidence.　**[前置詞]**
（父親と同じように，ジョンは証言をするために呼び出されていた）

(ia) の形容詞の like と (ib) の前置詞の like には違いがある．まず，(ia) の like は very で修飾できるが，(ib) の like は very で修飾できない．さらに，(ia) の like his father は述部であるため，「ジョンと父親が似ている」という解釈になるが，(ib) の like his father は述部的な解釈はない（つまり，(ib) は「ジョンと父親が似ている (John was like his father)」を含意しない)．そのため，(ib) は「ジョンと父親は同じことをしていた（＝証言をするために呼

· *due*

due は名詞句補部をとることができるという点において，意味的にも統語的にも受け身文で使われる動詞 owe の過去分詞（owed）に似ている．つぎの対比をみてみよう．

(31) **動詞 OWE** **形容詞 DUE**

i. a. The bank now owes you $750. b. ___

（その銀行は現在あなたに 750 ドルを支払うことになっている）

ii. a. You are now owed $750. b. You are now due $750.

（あなたは現在 750 ドルを支払われることになっている）

iii. a. $750 is now owed you. b. $750 is now due you.

（現在 750 ドルがあなたに支払われることになっている）

iv. a. The bank now owes $750 to you. b. ___

（その銀行は現在 750 ドルをあなたに支払うことになっている）

v. a. $750 is now owed to you. b. $750 is now due to you.

（現在 750 ドルがあなたに支払われることになっている）

(31ia) と (31iva) はともに能動文であり，due を使って対応する文をつくることができない (そのため, (31ib) と (31ivb) には例文が書かれていない)．一方，過去分詞の owed が使われている (31iia), (31iiia), (31va) の 3 つの受け身文は，due を使って対応する文をつくることが可能である．それらの文は意味的に 3 つの要素が関与する．それは，貸主 (creditor) の you と借金 (debt) の $750 と負債者 (debtor) の the bank である．(31iia) では，貸主の you が主語で借金の $750 が目的語であるが，それは (31ia) の能動文 (you が間接目的語で $750 が直接目的語) を受け身文にしたからである．一方，(31iiia) と (31va) では，借金の $750 が主語で貸主の you が目的語

び出されていた)」という解釈になる．このような名詞句補部をともなう形容詞句と前置詞句の区別の詳細に関しては，本シリーズ第 5 巻の『前置詞と前置詞句，そして否定』を参照．

または前置詞（to）の目的語であるが，それぞれ（31ia）と（31iva）の 2 つの能動文に対応している（(31iiia）は（31ia）の能動文を受け身文にしたものであり，(31va）は（31iva）の能動文を受け身文にしたものである）．また，(31iiib）の $750 is now due you は主にアメリカ英語で使われ，イギリス英語では (31vb) の $750 is now due to you のほうが好まれる．(31ia) と（31iva）にあるように，動詞 owe は能動文では負債者（the bank）が主語になるため，受け身文では負債者が by 句で表される場合がある（例：You are now owed $750 by the bank.）．これに対して，due の場合は負債者を表さないのが普通であるが，負債者を by 句や from 句で表す文を容認する話者もいる．具体例としては %$750 is due (to) you by/from the people you worked for last month.（先月あなたを雇った人たちからあなたに 750 ドルが支払われる）のような文があげられるが，このように 2 つの補部（(to) you と by/from the people you worked for last month）をとる形容詞句はきわめて例外的である．

■間接補部

これまで主要部の形容詞が認可する補部（直接補部）についてみてきたが，形容詞句は**間接補部（indirect complement）**をとる場合もある．間接補部というのは，形容詞の修飾語や比較級の屈折（-er）などによって間接的に認可される補部のことである．

(32) i. The bill wasn't [as large as we'd expected].
（請求額は思ったほど多くなかった）
ii. I'm [fonder of them than you].
（私はあなた以上に彼らのことが好きだ）
iii. They were [so small you could hardly see them].
（それらは非常に小さかったので，ほとんど見えなかった）
iv. This is still [too hot to drink].

（これはまだ非常に熱いから飲めない）

(32) の下線部は間接補部（(32i, ii) の前置詞句と (32iii, iv) の節）であり，二重下線部はその間接補部を認可している修飾語や屈折辞である．(32ii) にあるように，間接補部 (than you) と直接補部 (of them) の両方が現れることも可能である．

3.2 修飾

形容詞句の修飾語として副詞句，限定詞，名詞句，前置詞句があげられるが，非常に限られた条件のもとでは関係節も可能である．

(33) i. She is [quite incredibly generous]. ［副詞句］
（彼女は本当に信じられないくらい寛大だ）
ii. It surely isn't [that important]. ［限定詞］
（それはきっとそんなに重要ではない）
iii. The nail was [two inches long]. ［名詞句］
（その爪は 2 インチあった）
iv. The view was [beautiful beyond description]. ［前置詞句］
（その光景はことばにできないくらい美しかった）
v. He is now [the fattest he's ever been]. ［関係節］
（彼はこれまででもっとも太っている）

(33v) にあるように，形容詞が最上級のときのみ，関係節は形容詞の修飾語になれる．[8] 関係節以外の修飾語については以下で 1 つ 1 つ取り上げていく

[8] 副詞が最上級で使われた場合も，関係節は修飾語になれる．
(i) She ran the *fastest* that she's ever run.
（彼女はこれまで走ったなかで一番速く走った）
(i) では，最上級の the fastest を that 関係節が修飾している．なお，疑問詞の when や where の場合も，関係節が修飾語になれる．

が，その前に修飾に関する一般的な2つの特徴についてみておく．

■積み重ね修飾と下位修飾

形容詞句は複数の修飾要素をもつことがあるが，そのような場合，(34) のように，2種類の構造を区別する必要がある（なお，(34) の下線部は「構造的に下位レベルにある」ことを表している）．

(34) i. his [occasionally very offensive] behaviour **[積み重ね修飾]**
（彼の時折みせる非常に無礼な態度）
ii. his [quite unbelievably offensive] behaviour **[下位修飾]**
（彼のきわめて信じがたいほど無礼な態度）

(34i) では，very は offensive を修飾し，さらに構造的に上位レベルにある occasionally が very offensive を修飾している（(35a) の図を参照）．よって，(34i) は「時折，彼の態度が非常に無礼だった」という意味になる．この場合，very が修飾する形容詞の offensive も，occasionally が修飾する形容詞句の very offensive も，どちらも形容詞の offensive が主要部となっている．このような構造を「**積み重ね修飾 (stacked modification)**」とよぶ．これに対して，(34ii) では，quite は副詞の unbelievably を修飾し，その結果 quite unbelievably という副詞句ができる．そして，その副詞句が形容詞の offensive を修飾している（(35b) の図を参照）．この場合，最初の下位レベルでの修飾は構造的には修飾部内で行われ，主要部である形容詞の offensive を修飾するわけではない．このような構造を「**下位修飾 (submodification)**」とよぶ．以上のことをまとめると，(34i) と (34ii) の [　] 内の構

(ii) *Where* can we go for lunch that isn't too expensive?
（それほど高くなくランチできるところはどこですか）

(ii) では，疑問詞の where を that 関係節が修飾しているが，このような場合，関係節は後置されることが多い（この点に関する詳細は，本シリーズ第7巻の『関係詞と比較構文』を参照）．

造はそれぞれ (35a) と (35b) になる.

(35) a. **積み重ね修飾**　　b. **下位修飾**

■修飾に影響を与える比較級と非比較級の区別

形容詞句の修飾においては，段階づけ可能な形容詞とともに使われる程度を表す表現がかなりの割合を占める（例：very good（とてもよい），extremely old（きわめて古い）など）．どのような程度を表す修飾要素が可能かは，形容詞(句)が比較級かどうかということにも関係してくる．つぎの対比をみてみよう．

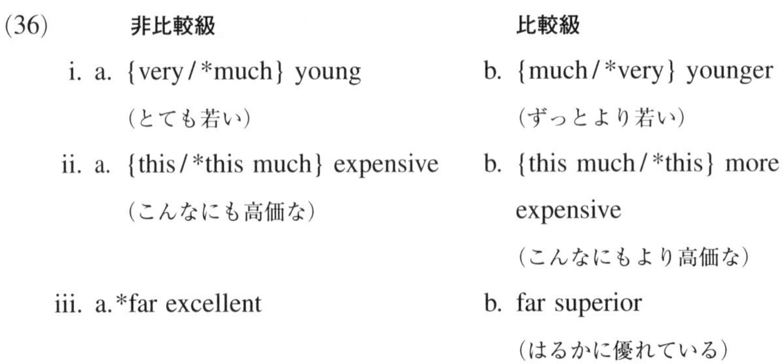

(36)	**非比較級**	**比較級**
i.	a. {very / *much} young （とても若い）	b. {much / *very} younger （ずっとより若い）
ii.	a. {this / *this much} expensive （こんなにも高価な）	b. {this much / *this} more expensive （こんなにもより高価な）
iii.	a.*far excellent	b. far superior （はるかに優れている）

young のような**非比較級（non-comparative）**は very で修飾できるが，比較級の younger に対しては，very ではなく much もしくは very much が使われる（very much の場合は下位修飾になる）．much や very much は非

比較級に対してはほとんど使われない（(36ia) と (36ib) の対比を参照）．同様に，限定詞の this は非比較級の expensive を修飾できるが，比較級の more expensive に対しては this は許されず，この場合も much が必要とされる（(36iia) と (36iib) の対比を参照）．また，far は比較級に対して使われ，非比較級に対しては使われない（(36iiia) と (36iiib) の対比を参照）．

(36) の (b) にある比較級はタイプが異なる．(36ib) は語尾に -er がつく「**屈折比較級 (inflectional comparative)**」，(36iib) は more をともなう「**分析的比較級 (analytic comparative)**」，そして (36iiib) は語そのものが比較を表す「**語彙的比較級 (lexical comparative)**」である．分析的比較級の修飾は (35b) の図にある下位修飾の構造になる．たとえば，far more expensive（はるかに高価な）の場合，far more は主要部の expensive を修飾する修飾部にある副詞句である．語彙的比較級（主に different（異なった），superior（優れている），inferior（劣っている），preferable（望ましい））はいくつかの点で非比較級と同じ振る舞いをする．たとえば，different は程度を表す修飾要素として very も (very) much も可能である（very different / (very) much different（とても異なっている））．[9]

---

[9] ここでは，**同等ではない比較級 (comparative of inequality)** のみをあげているが，**同等比較級 (comparative of equality)** の場合は異なった修飾要素をともなう．また，両者は数量を表す修飾要素をともなう場合に解釈が異なることがある．

(i) a. I earn *a third* as much as Ed.　[**同等比較**]
　　(私はエドの3分の1のお金を稼いでいる)
　b. I earn *a third* more than Ed.　[**同等ではない比較**]
　　(私はエドよりも3分の1多くお金を稼いでいる)

(ia) では as much as（～と同じくらい）という同等比較が使われ，(ib) では more than（～以上に）という同等ではない比較が使われている．両者はともに a third（3分の1）という数量を表す修飾要素をともなっているが，解釈が異なる．(ia) の場合は「エドが稼いでいるお金の3分の1を稼いでいる」という解釈になるため，エドの月収が18万円とすると，私の月収はその3分の1の6万円となる．一方，(ib) の場合は「エドが稼いでいるお金の3分の1多く稼いでいる」という解釈になるため，エドの月収が18万円とすると，私の月収はその3分の1の6万円分多い24万円になる．この点に関する詳細は本シリーズ第7巻の『関係詞と比較構文』を参照．

■副詞句

形容詞の修飾部にもっとも典型的に現れるのは副詞句である．副詞句は副詞だけの場合（unbelievably offensive（信じられないほど無礼な））と副詞自体が修飾部をともなう場合（quite unbelievably offensive（きわめて信じられないほど無礼な））がある．前者の場合，修飾部は副詞句というより単に副詞とすることが多い．そのため，上の（35a）の図においても，便宜上，副詞句は省略してある（形容詞句の修飾部としての副詞の使われ方に関しては 7.2 節を参照）．

■限定詞

程度を表す修飾部として機能する限定詞には，つぎのようなものがある．

(37) i. [The bigger] it is, [the more likely] it is to break down. ［**the**］
（大きければ大きいほど，より壊れやすい）

ii. They are [this tall]. ［**this**］
（彼らはこんなに背が高い）

iii. The meals aren't [that expensive]. ［**that**］
（その料理はそんなに高くない）

iv. It's [no better than it was before]. ［**no**］
（それは以前よりも少しもよくない）

v. We're not getting [any younger]. ［**any**］
（私たちは少しも若くなってきていない）

vi. It's [much smaller than I expected]. ［**much**］
（それは思ってたよりずっと小さい）

vii. They spent a lot of money, but it's [little better than it was before]. ［**little**］
（彼らはたくさんお金を使ったが，それは以前よりもほとんどよくなっていない）

viii. I'm feeling [a little disappointed]. ［**a little**］

（私は少しがっかりしている）

ix.　I thought you were [old enough to know better].　［**enough**］

（私はあなたはもっと分別があってもいい年齢だと思っていた）

x.　He seemed [all confused].　［**all**］

（彼はすっかり混乱しているようだった）

the は -er をともなう屈折比較級や more をともなう分析的比較級と使われる（(37i)）．また，the は same とも使われる（例：Everything seems [the same as it was before]（すべてが以前と同じようだ））．

指示詞（demonstrative）の this と that はともに意図する程度をジェスチャーで示しながら直接，程度を示す使われ方をする場合もある．また，that には前の文脈に出てきた程度を指し示す用法もある（例：Max is in his eighties and Kim is about that old too.（マックスは 80 代であり，キムもだいたいそれくらいの歳だ））．さらに，(37iii) にあるように，that は会話などのインフォーマルな文体で「とくに（particularly）」という意味を表すが，この場合は主に否定文で使われ，肯定文では使われない．指示詞はまた much とともに使われ，下位修飾の構造をもつ（(35b) の構造を参照）．たとえば，She's about [this much taller than me].（彼女は私よりもだいたいこれくらいは背が高い）という文では，名詞句の this much が主要部の taller を修飾する構造になっている．[10]

no, any, much および little は同等ではない比較の場合に用いられる．また，much と little はさまざまな過去分詞形から派生された形容詞とともに使われる（例：They don't seem {much inclined to leave/much impressed by his argument}.（彼らはあまり {去りたくない／彼の主張に感銘を受けていない} ようだ））．少し使われ方が異なるのが very much である．たとえば，He seemed very much separate from the rest of the group.（彼はグループのほか

[10] this/that のさまざまな用法については，本シリーズ第 9 巻の『情報構造と照応表現』を参照．

の人たちからすっかり離れていたようだった）という文では，very much は離れ具合が非常に大きいということを示しているのではなく，「彼がグループのほかの人たちから確かに離れていた」ということを強調している．good は例外的に比較級（better）だけでなく原形のままでも no や any，そして（肯定文以外の文脈で）much とともに使われる（例：This car is no good.（この車はよくない），The radio reception wasn't any/much good.（ラジオの受信状況は {少しも／そんなに} よくなかった））．

enough は主要部の後ろに置かれる．もし，形容詞句が補部をとる場合は，enough は補部の前に置く傾向が強い．そのため，たとえば careful が補部として with money をとる場合，enough が with money の前に置かれる careful enough with money のほうが，後ろに置かれる ?careful with money enough よりも好まれる．enough は後ろに for 句（good enough for most purposes（ほとんどの目的にとって十分いい））や節（(37ix）の to know better）をとるが，それらは形容詞句においては間接補部として機能している．そうすると，注意すべきことは，(37ix）において**直接構成素（immediate constituent）**としてまとまりをなす組み合わせは old enough + to know better であって old + enough to know better ではないということである．なぜなら，fond enough of them to make this sacrifice（このような犠牲を払うにたるくらいそれらが好き）のように，enough と to 不定詞節（to make this sacrifice）の間には形容詞（fond）の補部（of them）が介在することが可能であるからである（訳者注[11]参照）．

(37x）の all confused の all は「完全に（completely）」という意味である．さらに，all は名詞句の場合（たとえば，all the books（すべての本））と同

---

[11] 訳者注：これを図示すると，つぎのようになる．

[形容詞句 **fond** enough **of them** [to make this sacrifice]]
[主要部] [補部] [間接補部]

直接構成素としてまとまりをなしている場合は間に何も介在できないが，上の図にあるように，enough と to 不定詞節の間には of them が介在できることから，enough と to 不定詞節は直接構成素ではないことになる．

じように，the や that のような限定詞の前に現れる．I feel *all* the better for it（私はその分よりいっそう気分がいい）や It wasn't *all* that good（それはそんなによくはなかった）が具体例としてあげられる．前者の場合，all は the better for it よりも幾分程度が高いことを表している．後者の場合は，all がある all that good と all がない that good の意味の違いはほとんどない．

■名詞句

形容詞を修飾するために使われる名詞句は非常に限られている．

(38) i. three years old（3 歳）
five centimetres thick（5cm の厚さ）
a foot wide（1 フィートの幅）
two hours long（2 時間の長さ）
ii. a great deal smaller（はるかに小さい）
a (whole) lot different（大いに異なる）
lots better（ずっとよい）
heaps worse（ずっと悪い）
iii. a bit lax（少しゆるい）
a smidgin overripe（少々熟しすぎ）
a tad greasy（少しすべりやすい）
a trifle shy（少し内気な）
plenty big enough（十分すぎるほど大きい）

(38i) の名詞句は単位を表し，(38ii) と (38iii) の名詞句は数量を表している．[12] (38ii) の名詞句は比較級（および different のように比較の意味を表す語）とのみ使われる．(38iii) の a tad と a trifle は of 句をとれないという

[12] 単位や数量を表す名詞句についての詳細は，本シリーズ第 3 巻の『名詞と名詞句』を参照．

点で a bit や a smidgin や plenty とは異なる．たとえば,「少し面倒だ」という意味を表すのに a bit of trouble とはいえるが *a trifle of trouble とはいえない．plenty は（インフォーマルな文体で）enough（十分に）とともに使われ，明らかに enough 以上の程度であることを表す．よって，plenty hot enough は「熱さは十分過ぎる」という意味になる．なお，enough がつかない %plenty hot はインフォーマルなアメリカ英語で使われる．stone cold（冷え切った）や time-poor（時間的余裕がない）のような表現は**複合形容詞（compound adjective）**として捉えるのがもっとも適切である．[13]

■前置詞句

前置詞句が形容詞の修飾語として用いられる場合は，形容詞の前に置かれることも後ろに置かれることもある．

(39) i. cautious <u>to excess</u>（過度に注意深い）
clear <u>in his mind</u>（彼の頭のなかで明確だ）
dangerous <u>in the extreme</u>（極度に危険な）
deaf <u>in both ears</u>（両耳が聞こえない）
very good <u>for a beginner</u>（初心者にとってとてもいい）

---

[13] 複合形容詞にはさまざまなタイプがある．

(i) a. colour-fast（色落ちしない），top-heavy（上（頭）が重すぎる），headstrong（頑固な）

b. bone-dry（ひからびた），crystal-clear（きわめて透明な），dog-tired（疲れ切った）

(ia, b) ともに「名詞＋形容詞」の形をしているが，両者は**上下関係（hyponymy）**の点で違いがある．まず，(ia) の場合は上下関係が含意されない．たとえば，top-heavy doll（頭が重い人形）は頭が重いだけで，人形自体は軽いということもありえる．つまり，top-heavy は必ずしも heavy ではないため，両者の間に上下関係が成り立たない．一方，(ib) の場合は上下関係が含意される．たとえば, He is dog-tired.（彼は疲れ切っている）といった場合, He is tired.（彼は疲れている）ということが成り立つ．つまり，dog-tired は必ず tired であるため，両者の間には上下関係が成り立つ．なお，(ib) のような複合形容詞においては，名詞は比喩的に使われている．よって，bone-dry は dry <u>as a bone</u>（骨のように乾いている），crystal-clear は clear <u>as crystal</u>（水晶のように透き通っている）という意味を表す．複合形容詞に関する詳細は本シリーズ第 10 巻の『形態論と語形成』を参照．

happy beyond belief（信じがたいほど幸せ）

polite in her manner（彼女の態度がいい）

young at heart（気持ちが若い）

too long by a mile（とても長すぎる）

not very good at all（まったくよくない）

ii. these [in some respects highly controversial] ideas
（いくつかの点で大いに議論の余地があるこれらの考え）

his [at times very offensive] behaviour
（時折非常に無礼な彼の態度）

this [in my view quite outrageous] suggestion
（個人的にはとても常軌を逸していると思われるこの提案）

an [on the whole persuasive] argument
（総じて説得力のある議論）

their [to some extent perfectly valid] objections
（ある程度までは完全に妥当な彼らの反論）

叙述用法の形容詞句の場合，前置詞句は通常，(39i) のように形容詞の後ろに置かれる．一方，限定用法の形容詞句の場合は，(39ii) のように前置詞句が形容詞の前に置かれることも可能である．ただし，そのような使われ方をする前置詞句は非常に限られている．[14]

---

[14] ここまで，形容詞句の修飾語として副詞句，限定詞，名詞句，前置詞句の4つをみてきたが，形容詞（および分詞）が形容詞を修飾する場合もわずかながらある．

(i) icy cold（氷のように冷たい），freezing cold（凍えるほど寒い），red-hot（猛烈に熱い），boiling hot（うだるように暑い），scalding hot（やけどするほど熱い）

しかしながら，(i) のような表現はイディオム的な固定された表現であり，生産性もない．また，(ii) の下線部のようなより複雑な修飾要素も時折見受けられる．

(ii) He usually looks happy not just [things-are-OK happy], but [things-are-so-exciting-and-wonderful happy].
（彼は普段幸せそうであるが，単に万事うまくいっているというような幸せではなく，すべてが非常に刺激的で素晴らしいというような幸せを感じているようだ）

このような複雑な修飾要素は名詞の修飾要素として多用されるが，規則的につくられると

3.3 形容詞句の構造と機能の関係

すべての形容詞句が2章でみた限定用法，叙述用法，後置修飾，限定詞前修飾の4つの機能すべてをもてるわけではない．個々の形容詞の特性も関係してくる．たとえば，mere（ほんの）は常に限定用法でのみ使われるが，tantamount（同等の）は限定用法で使うことはできない（この点については第4章で詳しく扱う）．また，形容詞句の統語構造も関係してくる．たとえば，形容詞句の keen on golf（ゴルフに夢中）は限定用法では使えないが，それは形容詞の keen 自体の特性ではなく，on golf という補部をともなうためである．この節では，このような形容詞句の統語構造と機能の関係についてみていく．

(a) 限定詞前修飾で使われる形容詞句

名詞句内で限定詞（具体的には不定冠詞の a）の前に現れる形容詞句はつぎのどちらかの条件を満たさなければならない．

(40) i. how, as, so, too, this, that のような修飾語からはじまる．
　　ii. such や感嘆詞の what を主要部にもつ．

つぎの例では，下線部が形容詞句であり，[ ] 内で囲まれている部分が名詞句である．

(41) i. [How big a company] is it?
　　（どれくらい大きな会社なんですか？）
　　It was [so serious a matter that we called the police].
　　（それは非常に深刻なことだったので，警察をよんだ）

いうよりも，**臨時的に形成されるもの（nonce-formation）**である．この点については本シリーズ第3巻の『名詞と名詞句』を参照．

Don't make [too big a fuss].
（そんなに騒ぎ立てるな）
I've never seen [that big a spider] before.
（そんなに大きいクモを今までみたことがない）
*They have [quite big a house].
*It's [excessively big a risk].

ii. It's [such a pity] you can't come.
（君がこられないなんてとっても残念だ）
[What a waste of time] it was!
（なんて時間の無駄だったんでしょう！）
*She's [excellent a pianist].

（40i）にあげられている修飾語は必ずしも形容詞を修飾するとは限らず，副詞を修飾する場合もある．たとえば，[How ridiculously trivial a complaint] it had turned out to be!（なんてばかげているくらい些細な愚痴であるかわかったでしょう！）という文では，how は副詞の ridiculously を修飾している．なお，この場合，形容詞句は下位修飾構造を含む（（35b）の構造を参照）．

(b) 限定用法で使われる形容詞句

名詞句内において，主要部である名詞を前から修飾する形容詞句には 3 つの構造上の制約がある．以下では，その制約についてみていく．

制約 1：形容詞の後ろに補部や修飾部をともなうことは実質的に許されない

限定用法の形容詞句は，名詞を前から修飾するほかの修飾要素と同じく，主要部の後ろに補部や修飾部をともなうことが基本的には許されない．つぎの対比をみてみよう．

(42)　［叙述用法］　　　　　　　　［限定用法］

i. a. She's [very good at chess].　　b.*a [very good at chess] friend

（彼女はとてもチェスがうまい）

ii. a. She's [generous to a fault].　　b.*a [generous to a fault] sister

（彼女は失敗に対して寛大だ）

iii. a. It's [easy to find].　　b.*an [easy to find] place

（見つけるのが簡単だ）

(42) の (b) の例はすべて許されないが，形容詞句を名詞の後ろにもってくると文法的になる．たとえば，(42ib) の形容詞句 very good at chess を名詞 friend の後ろに置いた a friend very good at chess は文法的である（当然ながら関係節を使って a friend who is very good at chess ということもできる）．(42iiib) のように形容詞句が to 不定詞節を補部としてともなう場合は非文となるが，名詞 place の後ろに to 不定詞節をもっていき an easy place to find とすると文法的となる．同様のことが比較級にも当てはまる．たとえば，比較級が than 句を補部としてとる *a [younger than you] leader は許されないが，形容詞句が名詞 leader の後ろに置かれた a leader younger than you や than 句が後ろに置かれた a younger leader than you はともに文法的である．

ただし，限定用法の形容詞句は形容詞の後ろに補部や修飾部を絶対にとれないというわけではない．つぎの例をみてみよう．

(43)　a [big enough] room（十分大きい部屋）

a [better than average] result（平均よりいい結果）

the [larger than expected] profit（思ったより多い利益）

his [hard as nails] attitude to the workers

（労働者に対する彼の無慈悲な態度）

a [ready-to-eat] TV meal（すぐに食べられる冷凍食品）

enough は限定用法の形容詞の後ろにもごく普通に置かれる．**比較補部 (comparative complement)** も非常に短い場合は限定用法の形容詞句に現れることができる．具体的にいうと，通常，than もしくは as の後ろは一語であり，その場合でも代名詞のような指示表現は許されない．よって，(43) の a better than average result や the larger than expected profit は許されるが，指示表現（ours）を含む *a better than ours result や than の後が 2 語以上である *the larger than we expected profit は容認されない．(43) の最後の例にある ready-to-eat は不定詞節を含んでいるが，ある意味，慣用句のような定型表現である．ほかにも some easy-to-read children's books（いくつかの読みやすい子ども向けの本）や hard-to-beat prices（ほかに負けない価格）のような表現はあるが，*the ready-to-paint surface（ペンキを塗りやすい表面）や *a hard-to-clean oven（洗いにくいオーブン）のような表現はない．

制約 2：名詞句による前置修飾は許されない

(44) i. a. They are [a great deal better].（彼らはすごくよくなっている）
b. *some [a great deal better] proposals
ii. a. She is [three years old].（彼女は 3 歳だ）
b. *a [three years old] child

(44ib) の *some a great deal better proposals は許されないが，some much better proposals（いくつかのずっとよい提案）は許される．容認されない前者の a great deal は名詞句であるが，容認される後者の much は限定詞である．[15] 同じように，(44ii) においても，名詞句の three years が形容詞の

[15] 名詞句による前置修飾が許される例外としては，つぎの例があげられる．

(i) She's a lot better player than me.
（彼女は私よりもずっとよい選手だ）

この場合，名詞句の a lot の不定冠詞の a が落ち，lot だけが名詞 player につく不定冠詞の a の後に続いている（関係節にすると，a player who is a lot better than me（私よりもずっとよい選手）のように，player と lot の前にそれぞれ a がつく）．つまり，(i) は better old を修飾できるのは（44iia）のような叙述用法の場合であり，（44iib）のような限定用法の場合は許されない．ただし，（44iib）の years の複数形の s をとり a three-year-old child のようにいうことはできる．この場合，three-year-old は複合形容詞となる．[16] このように，限定用法の形容詞句においては，名詞句による前置修飾は許されない．

制約 3：how / as / so / too / this / that がつくことは許されない

（45）の（b）にあるように，形容詞に how や too などがついた形容詞句は限定用法として用いることができない．

（45） i. a. How safe are these cars?
（これらの車はどのくらい安全ですか？）
b. *How safe cars are these?
ii. a. This coffee is too sweet.
（このコーヒーは甘すぎる）
b. *I don't like too sweet coffee.

不定冠詞の a をともなう名詞句の場合は，how / as / so / too / this / that がつく形容詞句が不定冠詞の a の前に現れ，How safe a car is it?（それはどれくらい安全な車ですか）のようになる．しかし，不定冠詞をともなわない名詞句の場合には，そのような言い方は許されない（*How safe the car is it? / *How safe cars are these?（＝(45ib)））．ここで，（45iib）の *I don't like too sweet coffee は許されないが，同じような意味を表す I don't like excessively sweet coffee（僕は過度に甘いコーヒーは好きではない）は許されることに注意

player の前に名詞句の a lot が置かれているのではなく，a better player の a と better の間に名詞の lot が置かれている．

[16] three-year-old のように，「数量（three）＋単数名詞（year）」を含む複合形容詞は生産性があり，a three-metre-wide pool（3 メートルの幅のプール）などのように使われる．なお，old の場合は名詞にもなりやすく，two three-year-**olds**（2 人の 3 歳児）という言い方も可能である．この点に関しては本シリーズ第 10 巻の『形態論と語形成』を参照．

する必要がある．また，限定用法の *a this long letter は容認されないが，this long a letter のような限定詞前修飾や a letter this long のような後置修飾の場合は容認される．[17]

(c) 後置修飾で使われる形容詞句

形容詞句が後置修飾として使われる名詞句には 2 つの種類がある．

(46) i. They want [someone young]. 　［**複合限定詞（融合主要部）**］
(彼らは若い人を望んでいる)
ii. They want [a leader younger than you]. 　［**通常の名詞（主要部）**］
(彼らは君より若いリーダーを望んでいる)

(46i) では，形容詞句の young が someone を後ろから修飾しているが，someone は限定詞（some）と主要部（one）が融合した語である．[18] この場合，形容詞句が名詞の前に置かれる限定用法の可能性はない．それゆえ，後

---

[17] 限定詞をともなう名詞句において，too がついた形容詞が限定用法で名詞を修飾する場合がある．

(i) a. She slid her feet round [the too-warm sheets] in search of a cool place.
(彼女は涼しい場所を探して，温かくなりすぎたシーツの周りに足を伸ばした)
b. They sat in [the too-perfect living-room created by their mother].
(彼らは母親がつくった完璧すぎる居間に座った)

しかし，このような例はやや「特殊」であり，複合形容詞のようにハイフン (-) を用いて表される．

[18] 複合限定詞が 2 つ以上の形容詞句によって後置修飾されることはない．

(i) a. I don't want {[a gold watch] / [*anything* gold]} for my anniversary.
(私は記念日に {金の時計／何か金のもの} が欲しいとは思わない)
b. I don't want {[an expensive gold watch] / *[*anything* expensive gold]} for my anniversary.
(私は記念日に {高価な金の時計／何か高価な金のもの} が欲しいとは思わない)

(ia) のように，複合限定詞の anything が gold だけに後置修飾されている場合はいいが，(ib) のように，複合限定詞の anything が expensive と gold の 2 つの形容詞句によって後置修飾されている場合は許されない．複合限定詞に関する詳細は本シリーズ第 3 巻の『名詞と名詞句』を参照．

置修飾で用いられる形容詞句には構造的な制約もない．一方，(46ii) の名詞句の主要部は（限定詞と融合されていない）普通の名詞である．そのため，上の (b) の「限定用法で使われる形容詞句」であげられている条件を満たす場合は，形容詞句が名詞の前に置かれる限定用法が可能である．むしろ，それらの条件を満たす場合は一般的に前置修飾が基本であり，(47) の対比にあるように前置修飾しか許されない場合が多い．

(47) i. a. They chose [a young leader].（彼らは若いリーダーを選んだ）
b. *They chose [a leader young].
ii. a. We saw [a black swan].（私たちは黒い白鳥をみた）
b. *We saw [a swan black].

補部などをともなわない形容詞句が後置修飾で使われるのは，通常，(46i) の someone のような複合限定詞の場合か，もしくは，単独で後置修飾が可能な限られた形容詞の場合のみである．[19]

(d) 叙述用法で使われる形容詞句

叙述用法で用いられる形容詞句の場合は，どのような補部や修飾部をとらないかということではなく，形容詞の前に置かれた修飾語が形容詞の修飾語な

---

[19] 単独で後置修飾が可能な形容詞には以下のようなものがある．

(i) a. the only day suitable（都合のいい唯一の日），the people present（出席している人々）
b. the president elect（(当選した) 次期大統領），the ones asleep（眠っている人たち）

まず，(ia) の suitable のように -able がつく形容詞は前置修飾も後置修飾も可能であるが，後置修飾の場合は only がないと許されないといった制限がかかる（例：the suitable day / *the day suitable)．同様に，形容詞の present も前置修飾と後置修飾ともに可能であるが，後置修飾の場合は「一時的な状態 (temporary state)」を表すといった意味の違いがある．そのため，the people present は「一時的に居合わせた人々」という意味になるが，the present government（今の政府）にはそのような一時的な状態を表す意味はない．また，(ib) の the president elect や the ones asleep のように後置修飾のみ可能な場合もある．この点に関する詳細は本シリーズ第 3 巻の『名詞と名詞句』を参照．

のか，文レベルの修飾語なのかということが問題となってくる．つぎの例を比べてみよう．

(48) i. a. his often irrational behaviour
(よく理解に苦しむ彼の行動)
b. His behaviour was often irrational.
(彼の行動はよく理解に苦しむものだった)
ii. a. a probably futile attempt
(おそらく無駄に終わる試み)
b. The attempt will be probably futile.
(その試みはおそらく無駄に終わるだろう)

(48) の (a) の例では，下線部の副詞 (often, probably) はあきらかに限定用法の形容詞句内の修飾語であるが，(48) の (b) の叙述用法の例では，形容詞句内の修飾語というよりも文全体にかかる修飾語と捉えるほうが自然である．しかし，どちらにしても意味的な違いはないため，修飾語が構造的に文に属するか，形容詞句に属するかは，はっきり区別できないといえる．ただし，very は動詞を修飾できないため，It is very late (非常に遅い) のような例では，very は形容詞句内の修飾語 (＝副詞) であると分析するしかない (ほかの程度を表す修飾語にも同じ分析が当てはまるといえる)．

第 4 章　形容詞の機能上の制限

形容詞の基本的な働きには，限定用法，後置修飾，叙述用法の 3 つがある．それぞれの具体例は以下のようになる．

any intelligent person	（どんな知的な人でも）	[**限定用法**]
anyone intelligent	（知的な人は誰でも）	[**後置修飾**]
anyone who is intelligent	（知的な人は誰でも）	[**叙述用法**]

しかし，形容詞には多くの機能的な制限があり，形容詞を用いた構文や形容詞の意味にも機能上の制限が関係している．まず重要となるのは，限定用法のみ（もしくは，特定の意味において限定用法のみ）で使われる形容詞と限定用法では使われない形容詞を区別することである．それぞれ「**限定用法のみの形容詞（attributive-only adjective）**」と「**非限定用法の形容詞（never-attributive adjective）**」とよぶことにする．さらに，後者のなかには後置修飾としてのみ使われるものがごく少数あるが，これを「**後置修飾のみの形容詞（postpositive-only adjective）**」とよぶ．

4.1　限定用法のみの形容詞

■限定用法でしか使われない形容詞

基本的に限定用法としてのみ使われる形容詞は以下の通りである．[1]

(1)　damn（ひどい），drunken（酔っ払った），ersatz（代用の），
erstwhile（かつての），eventual（最後の），former（前の），
frigging（忌々しい），future（未来の），latter（後者の），
lone（ただ 1 人の），maiden（未婚の），main（主要な），
marine（海の），mere（ほんの），mock（偽の），only（唯一の），
own（自身の），premier（最高の），principal（主要な），
putative（推定上の），self-confessed（自称の），self-same（同一の），
self-styled（自称の），soi-disant（自称の），sole（唯一の），
umpteenth（何番目かの），utter（完全な），veritable（真の），
very（他ならぬ），would-be（～志望の）

たとえば，that damn noise（あのひどい騒音）や a drunken sailor（酔っ払った船員）とはいうが，*That noise is damn や *a sailor who was drunken とはいわない．上記の形容詞のなかで，former，latter，own の 3 語は，She chose the {former/latter}.（彼女は {前者／後者} を選んだ）や I prefer my own.（私は自分自身のもののほうが好きだ）のように融合修飾部主要部として使われるという点で，限定用法のみの形容詞のなかでは例外的である（融合修飾部主要部に関しては 2.1 節および 2.4.1 節も参照）．

また，a fund-raising dinner（資金集めのディナー）や a Sydney-based engineering company（シドニーに本社を置くエンジニアリング会社）のように，動

---

[1] 以下のような叙述用法の臨時的な使用（nonce-use）は例外として扱う．

(i)　His ignorance could only be described as utter.
（彼の無知を言い表すとすれば「完全」しかないだろうね）

(i) はジョーク的に用いられているため，utter の叙述用法の例とはいえない．

詞の ing 形や過去分詞に基づく限定用法のみの複合形容詞も数多く存在する．これらは限定用法のみであるため，*The dinner was fund-raising. (The dinner was to raise funds for .... (このディナーは … の資金を集めるためのものであった) と比較) や *The company is Sydney-based. (The company is based in Sydney. (この会社はシドニーに本社を置いている) と比較) のような叙述用法では使われない (複合形容詞に関しては 3.2 節も参照)．

■限定用法と非限定用法の意味の違い

形容詞が限定用法だけの意味をもつ場合や，関係する名詞との意味関係が限定用法と叙述用法で異なる場合が数多くある．以下の例を比較してみよう．

(2) i. a. the late queen ("recently deceased") ［**限定用法のみ**］
(先の女王) [late：最近死去した]

b. She is late. ("behind schedule") ［**叙述用法**］
(彼女は遅れている) [late：予定よりも遅い]

ii. a. my old school ("former") ［**限定用法のみ**］
(私の母校) [old：前の]

b. He is old. ("has lived a long time") ［**叙述用法**］
(彼はお年寄りだ) [old：長生きしている]

iii. a. a hard worker ("one who works hard") ［**限定用法のみ**］
(熱心な労働者) [hard：熱心に (働く人)]

b. The work is hard. ("difficult") ［**叙述用法**］
(この仕事は困難である) [hard：難しい]

iv. a. complete nonsense ("absolute") ［**限定用法のみ**］
(まったく馬鹿げたこと) [complete：完全な]

b. The work is complete. ("finished") ［**叙述用法**］
(この仕事は完了した) [complete：終えた]

v. a. the lawful heir ("lawfully determined") ［**限定用法のみ**］

（正当な相続人）［lawful：法律で定められた］

b. It is quite lawful. (“legal”)　［叙述用法］

（それはまったく合法である）［lawful：適法の］

たとえば，She is late. は She recently died.（彼女は最近亡くなった）という late の限定用法の意味を表すことはできない（(2i) を参照）．また，This school is old. は This is the school I (or someone else) formerly attended.（これは，私（あるいはほかの誰か）がかつて通っていた学校だ）という old の限定用法の意味を表すことはできない（(2ii) を参照）．

■限定用法のみの形容詞と限定用法で使われる一般的な形容詞の潜在的な違い

限定用法で使われる一般的な形容詞は，同じ意味で叙述用法でも使われる．これらの形容詞は be 動詞の補部として**帰属的な意味**（**ascriptive sense**）で使われるため**帰属形容詞**（**ascriptive adjective**）とよばれる．[2] 限定用法の帰属形容詞は典型的に (3) にあげている 4 つの特性をもつ．(3) では形容詞の shy を例にとってこの 4 つの特性について簡潔に説明している．一方，限定用法のみの形容詞のほとんどが (3) にある特性の 1 つ，もしくは複数を欠いている．

---

[2] つぎの文には**帰属的**（**ascriptive**）な意味と**指定的**（**specifying**）な意味の 2 つがある．

(i) His first proposal was a joke.

a. 彼の最初の提案は笑えた．　［帰属的］

b. 彼の最初の提案はジョーク（を用いること）だった．　［指定的］

(i) の a joke を laughable（ばかげている）と解釈した場合，主語の His first proposal の特性を述べている (a) の帰属的な意味になる．一方，a joke を what was his first proposal?（彼の最初の提案は何だったか）の答えとして解釈した場合は，His first proposal の中身を特定している (b) の指定的な意味になる．be 動詞の後に形容詞がくる場合は基本的に帰属的な意味になる．この点に関する詳細は本シリーズ第 2 巻の『補部となる節，付加部となる節』を参照．

(3) i. **含意 (ENTAILMENT)**

X is a shy N (X は内気な N である) は X is an N (X は N である) ということを含意する.

例： Tom is a shy man. (トムは内気な男である) は Tom is a man. (トムは男である) ということを含意する.

ii. **部分集合 (SUBSET)**

A shy N (内気な N) は What kind of an N is X? (X はどのような N であるか) という問いへの答えとなる.

例： A shy man. (内気な男) は What kind of a man is Tom? (トムはどのような男ですか) という問いへの答えとなる.

iii. **修飾可能性 (MODIFIABILITY)**

shy 自体が修飾される.

例： a very shy man (とても内気な男)

iv. **代用形 (PRO-FORM)**

shy は代用形 one を修飾することができる.

例： Tom is the shy one. (トムは内気な人だ)

(a) 含意特性

帰属形容詞に修飾された名詞句が字義通りの対象物を指し示す場合は，その形容詞を除いた名詞そのもののことも含意する．限定用法のみの形容詞のほとんどがこの特性を備えているが，なかにはこの特性を備えていないものもある．以下の対比をみてみよう．

(4) i. Tom is a lone parent. (トムはシングルファーザーである) は，Tom is a parent. (トムは親である) ということを含意している.

ii. Tom is the putative father. (トムは推定上での父親である) は，Tom is the father. (トムは父親である) ということを含意しない.

(b) 部分集合特性

名詞の man は，すべての男性の集合を意味するが，shy man（内気な男）はその集合のなかに含まれるより小さな集合を意味している．したがって，ここでは形容詞の shy は意味的に限定していることになる．ただし，帰属形容詞は常に限定するわけではない．たとえば，the industrious Chinese（勤勉な中国人）には限定されている解釈と限定されていない解釈の両方が可能である．限定されている場合は「特定の勤勉な中国人（＝中国人の一部）」だけを意味していることになるが，限定されていない場合は「勤勉であるといわれる中国人（＝中国人全員）」を意味する．しかしながら，帰属形容詞はすべて，限定するという用法をもちうる．そして，限定用法のみの形容詞に関しては多くがこの限定するという特性を備えているが，この特性を備えていないものも多い．以下の例を比較してみよう．

(5) i. A marine biologist.（海洋生物学者）は What kind of a biologist is she?（彼女はどの分野の生物学者ですか）という質問への答えとなる．

ii. A mere child.（ほんの子ども）は What kind of a child is she?（彼女はどんな子どもですか）という質問への答えにはならない．

当然ながら，適切な答えとジョーク的な返しをはっきり区別しなければならない．(5ii) のように，What kind of a child is she? という質問に対して A mere child. と答える人もいるかもしれないが，これは質問への答えとはならない．mere child は子どもの部分集合を意味しないため，What kind of ～? という集合を限定する質問の答えとしては不適切である．

(c) 修飾可能性

shy（内気な）は段階性があるので修飾語をともなうことができるが，段階性のない帰属形容詞は概して特定の修飾語をともなう（例：strictly alphabetical order（厳密なアルファベット順），a wholly European initiative（ヨーロッパ全体の主導権）など）．限定用法のみの形容詞には段階性があるものや段階性がなくとも修飾語をつけられるものもあるが，大多数は段階性がなく，修飾語をともなわない．以下の対比をみてみよう．

(6) i. a. a hard worker（熱心な労働者）
b. a very hard worker（とても熱心な労働者）
ii. a. the late queen（最近亡くなられた女王）
b. *the very/apparently late queen

(d) 代用形

代用形の one は可算名詞であるため，この特性は**可算名詞句（count NP）**の場合にのみ関係する．可算名詞句に限られるため，代用形の one は通常，帰属形容詞とともに用いられる．一方，限定用法のみの形容詞の場合は，代用形の one を修飾できるものとできないものがある．たとえば，main も utter も限定用法のみの形容詞であるが，代用形の one を修飾できるのは main だけである．

(7) i. a. the main objections（主な反対理由）
b. the main ones（主なもの）
ii. a. an utter disgrace（ひどい不名誉）
b. *an utter one

■限定用法のみの形容詞のタイプ

限定用法のみの形容詞（以下，**限定形容詞**と表記）は数も非常に多く，意味も多岐にわたるため，簡潔かつ網羅的な分類をすることが困難であるが，ここでは，いくつかの重要な意味タイプについてみていく．

(a) 程度と数量を表す限定形容詞

1つ目のタイプは，主要部名詞の表す特性がどの程度なのかを示す形容詞である．たとえば，Kim is an absolute genius.（キムは紛れもない天才だ）の absolute は，Kim is absolutely brilliant.（キムは本当に素晴らしい）において形容詞の brilliant の程度を表している副詞の absolutely に相当する．この意味で使われた場合，形容詞の absolute は叙述用法では用いられない（例：*The genius is absolute.）．このような形容詞を含む名詞句にはつぎのようなものがある．

(8) i. a complete fool（大バカ），a definite advantage（明確な長所），
the extreme end（最先端），
an outright lie（真っ赤な嘘），a perfect stranger（赤の他人），
a positive joy（この上ない喜び），a pretty mess（とんだへま），
pure nonsense（まったくのたわごと），a real help（大助かり），
a right idiot（大バカ者），sheer arrogance（とんでもない傲慢さ），
total disarray（とてつもない混乱），a true heroine（真のヒロイン），
an utter disgrace（まったくの不名誉），the very edge（瀬戸際）

ii. a blithering idiot（救いようのないバカ），
a crashing bore（ひどく退屈な人（もの）），
a thumping majority（圧倒的多数）

(8i) の形容詞のほとんどが程度が最大限であることを表すため，強調表現となる（しかし，pretty は pretty messy（かなり散らかっている）における副詞の pretty と同様に程度が最大限であることを表してはいない）．(8ii) の形容詞は程度が高いことを表しているため，この場合も強調表現となる．これらは接尾辞 -ing で終わる限定形容詞の代表例であり，**くだけた文体 (informal style)** で使われる．また，これらの形容詞はごく限られた名詞と結びつく傾向がある（例：raving lunatic（錯乱した変人），gibbering idiot（訳のわからぬことをしゃべっているまぬけ））．ただし，thumping（巨大な）や whopping（非常に大きい）のようにさまざまな名詞と結びつくものもある．

(8) にあげた**程度を表す形容詞 (degree adjective)** には (3i) の含意特性

がある（たとえば，an absolute genius（紛れもない天才）は a genius（天才）である）．しかし，ほとんどの場合，(3) のほかの特性がない．たとえば，absolute genius は「どの分野の天才か」を説明していないため，(3ii) の部分集合特性がない．また，*a *very* absolute genius のように very などで修飾することができないため，(3iii) の修飾可能性がない（ただし，a very definite advantage（非常に明白な長所）という表現は普通に使われる）．さらに，(3iv) の代用形の one の修飾も許されない（*Kim is a genius, in fact an absolute *one.*）．なお，the precise moment（まさにその瞬間）における precise や I want a proper job.（ちゃんとした仕事に就きたい）における proper も (8) の形容詞と類似したところがある．

つぎの例にあるように，形容詞はほかにもさまざまな種類の数量を表す．

(9) her complete works（彼女の全集），the entire class（クラス全体），
full agreement（満場一致），further instalments（さらなる賦払金），
a lone parent（一人親），an occasional truck（臨時のトラック），
the odd lizard（時おり現れるトカゲ），
the only escape（唯一の逃げ場），scant attention（わずかな注意力），
a single objection（たった 1 人の反対），
the usual place（いつもの場所），the whole book（本全体）

occasional（臨時の）や odd（時おりの）や usual（いつもの）は頻度を表している（例：You might see the odd lizard. は “You might see a lizard from time to time.”（君はときどきトカゲをみるかもしれない）という意味を表す）．これらの数量を表す形容詞は (3i) の含意特性をもつが，ほとんどの場合，(3ii) の部分集合特性がない．ただし，lone parent（一人親）はどんな親かという問いへの答えとなる（これは an only child（一人っ子）における only と同様である）．残りの特性（(3iii) の修飾可能性と (3iv) の代用形の one の修飾）に関しては，形容詞によってそれらの特性を示すものもあれば示さないものもある．たとえば，occasional は a *very* occasional truck（めったに使われな

いトラック）のように very で修飾できるが，（頻度を表す）odd は *a *very* odd lizard のように very で修飾できない．また，only は the *only* ones（唯一のもの）のように代用形の one を修飾できるが，complete は *her complete *ones* のように代用形の one を修飾できない．

(b) 時間や場所を表す限定形容詞

つぎにとり上げるグループの形容詞は，名詞が表す内容がいつのことかという相対的な時間や空間上の場所（位置）を示すものである．

(10) i. his current girlfriend（彼の現在の恋人），
an erstwhile gangster（かつてのギャング：昔ギャングだった人），
the eventual outcome（最終結果），his former wife（彼の前妻），
future progress（将来の成長），a new friend（新しい友人），
my old school（私の母校），the original plan（最初の計画：原案），
past students（昔の教え子），the present manager（現在の支配人），
the previous attempt（前の企て），
its ultimate demise（最終的な終焉）

ii. the lower lip（下唇），her right eye（彼女の右目），
the southern states（南部の州）

このタイプの形容詞には，文脈中の相対的な位置を示す former（前の）や latter（後の）も含まれる（例：the former/latter observation（先の/後の観察））．

これらの形容詞のなかには，(3i) の含意特性がないものもある．たとえば，She’s his former wife.（彼女は彼の前妻である）は She’s his wife.（彼女は彼の妻である）を含意していない．また，(3ii) の部分集合特性もなく，残りの特性に関しても示す場合もあれば示さない場合もある．たとえば，my old school（私の母校）の old は very で修飾することができないが，a *very* old friend（とても長い間，友人である人）の場合は old を very で修飾することが

できる.[3] 代用形テスト（(3iv) の代用形の one の修飾）に関しても，current は代用形の one を修飾できるが，erstwhile はできない（例：his current one/*an erstwhile one).

(c) 関連を表す限定形容詞

限定用法の形容詞の多くは，名詞そのものの特性を文字通りに修飾しているというよりも，その名詞に関連する物事の特性を述べている．(11) にいくつか例をあげる.

(11) clerical duties（事務員の職務），criminal law（刑法），
foreign affairs（外交問題），a historical novelist（歴史小説家），
a lunar landing（月面着陸），a marine biologist（海洋生物学者），
a mathematical genius（数学の天才），a medical journal（医学雑誌），
a medieval scholar（中世の学者），a military expert（軍事の専門家），
a moral dilemma（道徳上のジレンマ），
musical analysis（音楽の解析），a nuclear physicist（核物理学者），
Platonic realism（プラトン学派の現実主義），urban policy（都市政策）

たとえば，clerical duties は文字通りに duties（義務）自体が事務的であることを表しているのではなく，事務員であることに関連した義務（＝事務員の（はたすべき）義務）のことを表している．また，criminal law は law（法律）自体が犯罪的であるのではなく，犯罪に関連する法の一部門（＝刑法）のことを表している．同様に，foreign affairs は，affairs（問題）自体が対外的なものではなく，外国に関連している問題（＝外交問題）のことを表している．このタイプの形容詞は一般的には「名詞＋名詞」の形で表される分類機能を示す（例：clerical duties/*office* duties（事務員の義務），a lunar landing/a

[3] new（新しい）は一緒に使われる語によって限定用法のみであったり，叙述用法が可能であったりする．たとえば，She is new. は「彼女が最近，学生や従業員になった」という文脈では使えるが，「彼女が最近，友人や妻になった」という文脈では使えない.

moon landing（月面着陸），a mathematical genius（数学の天才）/ a *computer* genius（コンピューターの天才），a military expert（軍事の専門家）/ a *safety* expert（安全性の専門家）など）.

このタイプの形容詞の多くは，**接尾辞（suffix）**の -al や -ar がつくことで名詞から派生している．なかには，主要部名詞が形態的に派生されたものであるため，2 つの関連が解釈に関与する場合がありうる．たとえば，A nuclear physicist は核物理学（nuclear physics）の分野で研究をしており，そして，核物理学は原子核（nuclei of atoms）に関係している．

このタイプの形容詞の多くは帰属的に修飾する名詞の属性を表すこともできるが，その場合は（11）とは異なった意味，もしくは意味機能をもつ．たとえば，criminal behaviour（犯罪行為）は behaviour（行為）が犯罪的であることを表し，a highly moral person（高い倫理観のある人）は person（人）が道徳的である（＝倫理観をもっている）ことを表している．さらに，関連を表すのか帰属的な意味になるのかが曖昧な例もありうる．一例をあげると，a criminal lawyer は形容詞の criminal が関連を表す場合は「刑事専門弁護士」という意味になるが，帰属的に使われている場合は「罪を犯した弁護士」という意味になる．[4]

関連を表す限定形容詞はすべて含意特性とともに部分集合特性ももつ．なぜなら，このタイプの形容詞は分類機能があるため，自ずと部分集合の範囲を明確にするからである．しかし，このタイプの形容詞のほとんどは残りの特性（(3iii）の修飾可能性と（3iv）の代用形の one の修飾）を欠いている．ただし，purely のような修飾語を許すものもある（例：*purely* clerical duties（純然たる事務員の職務））.

[4] この点に関しては本シリーズ第 3 巻の『名詞と名詞句』を参照.

(d) プロセス（過程）指向の限定形容詞

(12) a big eater（大食漢），a fast worker（仕事の速い人），
a firm believer（強く信じている人），a hard worker（熱心な労働者），
a heavy smoker（煙草をたくさん吸う人），
a rapid reader（読むのが速い人），a slow learner（物覚えが遅い人），
a sound sleeper（熟睡する人），a strong advocate（強力な提唱者）

これらの形容詞は（c）の関連を表す限定形容詞と共通点がある．たとえば，a big eater は身体の大きい人を意味するのではなく，たくさん食べる人を意味している．つまり，このタイプの形容詞は名詞を文字通りに修飾しているのではなく，関連するプロセスの特性を述べている．よって，関連するプロセスの程度や様態を表すため，ほとんどの場合，対応する副詞を用いて言い換えることができる（例：a fast worker＝one who works *fast*（速く仕事をする人）/ a firm believer＝one who believes *firmly*（強く信じている人））．しかし，これらの形容詞は段階性があるという点で，関連を表す限定形容詞とは異なっている（例：a *very* big eater）．また，はっきりと部分集合特性を示すものばかりではない．たとえば，あまりこういう問いかけはしないが，What kind of an eater is he?（彼はどんな食べ方をする人ですか？）に対しては，A big eater. は自然な答えとはなりにくい．

(e) 法を表す限定形容詞

(13) i. the actual cause（実際の原因）
an apparent discrepancy（見かけ上の不一致）
a certain winner（きっと勝つであろう人）
the likely benefits（見込みのある利益）
a possible explanation（考えられる説明）
a potential customer（顧客になりそうな人）

the probable result（ありそうな結果）
the putative father（推定上の父親）
the true course of events（事の本当の成り行き）

ii. a self-confessed thief（泥棒を自認する人）
the self-styled prince（自称王子）
the soi-disant emperor（自称皇帝）

iii. ersatz champagne（代用シャンパン）
a mock trial（模擬裁判）
a would-be novelist（小説家志望者）

（13i）の形容詞はあきらかに話者の判断（心的態度）を表す**法**（**modal**）の意味をもち，節構造で言い換えた場合，付加詞として機能する対応する副詞をもつ．たとえば，the actual cause は that which is actually the cause（実際に原因であるもの）に言い換えられる．また，an apparent discrepancy は something which is apparently a discrepancy（一見，矛盾していること）に，a certain winner は one who will certainly be a winner（きっと勝者になるであろう人）に言い換えられる．このように，法を表す限定形容詞は名詞の表す内容がどこまで事実であるか，どこまで実現されるかを表している．これゆえ，中程度もしくは弱い**法性**（**modality**）を表す形容詞には含意特性がない.[5] たとえば，He's a potential customer.（彼は顧客になりそうな人である）は

[5] つぎの文はすべて「ミーティングはもう終わっているかどうか」に関する話者の判断（つまり法性）を表すが，この法性の強さに違いがある．

(i) a. The meeting must be over by now.　**[強い法性]**
b. The meeting should be over by now.　**[中程度の法性]**
c. The meeting may be over by now.　**[弱い法性]**

(ia) の must は「ミーティングはもう終わっている」ということに対する**必然性**（**necessity**）を示すため法性が強く，(ic) の may は**可能性**（**possibility**）を示しているだけなので法性は弱い．一方，(ib) の should は「ミーティングはおそらくもう終わっている（The meeting is *probably* over by now.）」という**蓋然性**（**probability**）を表すため，(ia) の must よりは法性が弱いが (ic) の may よりは強いという中程度の法性を表している．法性の強さの詳細に関しては，本シリーズ第 1 巻の『動詞と非定形節，そして動詞を欠いた節』

He's a customer.（彼は顧客である）を含意していない．同様に，（13ii）および（13iii）の形容詞も含意特性がない．a self-styled prince（自称王子）は必ずしも王子ではない（実際には「王子ではない」という強い含意がある）．また，a self-confessed thief（泥棒をしたと自白した人）は虚偽の自白をしていることもあり得る．

（13）の形容詞のほとんどが（3）のほかの特性も欠いているが，an *absolutely* certain winner（絶対間違いなく勝つ人）のように副詞による修飾が可能であったり，not a possible flaw but an actual *one*（想定される欠陥ではなく実際の欠陥）のように代用形の one を修飾できるものが，わずかながらある．

(f) 特定化を表す限定形容詞

（14） i. a certain house（ある特定の家），a particular area（特定分野）

ii. the chief reason（主な理由），the main objection（主な反対理由），our premier scientists（我々の第一級の科学者たち），the prime suspect（最重要容疑者），the principal factor（主要因），the ultimate perk（究極のコーヒー）

これらの形容詞は名詞が示す集合の特定のメンバーあるいは特定のグループについて述べる働きがある．（14ii）の形容詞はすべて重要度が高いことを示しており，最上級と類似性がある．よって，これらの形容詞を**最上級形容詞 (primacy adjective)** とよぶ．[6]

特定化を表す限定形容詞には（3i）の含意特性はあるが，（3ii）の部分集合特性はない．たとえば，a certain house は家の種類を表していない．また，

を参照．

[6] 多くの話者にとって，key（重要な）もこのタイプの形容詞とみなされるが，アメリカ英語においては叙述的に使われるようになってきている（例：%This point is absolutely key.（この点は断然重要だ））．chief（重要な）は among(st) 句をともない文頭に置かれる倒置文においてのみ叙述用法が可能である（例：Chief *among them* is the issue of cost.（なかでも重要なのはコストの問題だ））．

これらの形容詞は the main *one*（主なもの）のように代用形 one を修飾できるが，副詞などによる修飾は通常許さない．

(g) 感情を表す限定形容詞

(15) i. my dear mother（私の愛しい母）
her poor father（彼女のかわいそうな父親）
the wretched car（あのひどい車）
ii. a bleeding nitwit（とんでもないまぬけ）
the bloody tax inspector（忌々しい税務調査官）
a fucking investigation（不愉快な調査）

これらの形容詞はすべて修飾する名詞を意味的に限定してはいない．そして，(3i) の含意特性はあるが，(3) の残りの 3 つの特性はない．(15ii) の形容詞は数多くある**限定用法のみの虚辞（attributive-only expletive）**の例であり，文の意味には何の影響も与えない．その代わりに，これらの形容詞は話者の感情を表し，強い嫌悪感，苛立ち，怒り，動揺やときには You're a bloody genius!（君はどえらい天才だ）のような熱烈な称賛を表す．さらに，感情の強さに大きな違いがあり，たとえば，damn(ed) は感情の強さがもっとも低く，いたって穏やかな表現となるが，fucking は感情の強さがもっとも高く，粗暴で侮辱的な表現となる．

(h) 代換法：転移限定形容詞

(16) smoked [a discreet cigarette]（配慮しながら煙草を吸った）
a drunken brawl（酒の上での喧嘩）
their insane cackle（彼らのバカげたおしゃべり）
a nude photo of the mayor（市長のヌード写真）
a quiet cup of tea（くつろいだ一杯のお茶）

your own stupid fault（君自身のバカげた失敗）

このタイプの形容詞も名詞を文字通りに修飾していない．a discreet cigarette では，配慮がある（discreet）のは煙草（cigarette）ではなく喫煙の吸い方（the way it was smoked）である．同様に，a drunken brawl では，酔っている（drunken）のは喧嘩の当事者たち（the participants in the brawl）であり，their insane cackle では，バカげている（insane）のはおしゃべりをしている人々（the people cackling）であり，a nude photo of the mayor では，裸である（nude）のは市長（the mayor）であり，a quiet cup of tea では，穏やかである（quiet）のはお茶の席（the tea-drinking event）であり，your own stupid fault では，バカげている（stupid）のは失敗した人（the person at fault）である．

伝統的な修辞学では，このような形容詞に対して**転移修飾語（transferred epithet）**あるいは，「交換」という意味を表すギリシャ語に由来する**代換法（hypallage）**という用語を使っている．この用法が容認できるかどうかに関しては，形容詞によってもかなり違いがある．drunken は drunken {speech / walk / behaviour, etc}（酩酊状態での {スピーチ／歩行／振る舞いなど}）といったようにかなり幅広い名詞とともに使われる．また，insane cackle（バカげたおしゃべり），casual glance（さりげない一瞥），hasty browse（迅速な検索），hostile gaze（敵意のある凝視），cold stare（冷淡な凝視），impudent grin（無礼なにやっとした笑み）といったように数多くの表現があるが，少なくともこれらのうちのいくつかの形容詞に関しては限定用法のみという制限はなく，His gaze was openly hostile.（彼の凝視は明らかに敵意があった）や That grin was impudent.（あのにやっとした笑みは無礼であった）という叙述用法も可能である．photo（写真），picture（絵画），statue（彫像）のような描写を意味する名詞は nude（裸の）を転移限定形容詞として普通にとるが，ほかの形容詞はこのように使われることがほとんどない．たとえば，a beautiful photo of their baby（彼らの赤ん坊の美しい写真）の場合，形容詞の beautiful

は修飾する名詞の特性を表す帰属的な解釈（＝This photo is beautiful.（この写真は美しい））になる．さらに，a quiet cup of tea や your own stupid fault はよく知られた表現と考えられるが，a discreet cigarette はこのパターンを拡張した**臨時用法（nonce-use）**といえる．[7]

転移限定形容詞は（3i）の含意特性はあるが，（3）の残りの 3 つの特性は概してないといえる．しかし，nude photo タイプのように（3ii）の部分集合特性を示すものや，an *outrageously* drunken brawl（きわめて酷い酒の上での喧嘩）や a *very* quiet cup of tea（とてもくつろいだ一杯のお茶）のように（3iii）の修飾可能性の特性をもつものもある．

4.2　限定用法では使われない形容詞

この節では，限定用法をもたない形容詞，あるいは特定の意味において限定用法としては使われない形容詞についてみていく．

■叙述用法や後置修飾の用法をもつが限定用法では使われない形容詞

このような形容詞は，以下の（a），（b），（c）の 3 つに分類される．

（a）接頭辞の a- がつく形容詞

限定用法で用いられないことが非常に明らかな形容詞としてまずあげられるのが，**接頭辞（prefix）**の a- がつく形容詞である．この接頭辞 a- は中英語

---

[7] この代換法を拡張して巧みにユーモアを出す作家に P. G. ウッドハウス（P. G. Wodehouse）がいる．以下に，彼の作品からいくつか例をあげる．

（i）a. He uncovered the fragrant eggs and I pronged a moody forkful.
（彼はいい匂いがするたまごを持ち上げ，私が不機嫌にフォークを突き刺した）

b. I balanced a thoughtful lump of sugar on the teaspoon.
（私は砂糖の塊をティースプーンに載せ，その量を配慮しながら量った）

c. I fumbled with a fevered foot at the self-starter of the car.
（私は興奮した状態で車のセルフスターターを足で探った）

の前置詞 an（現代英語の in，on）に由来する．(17) にこれらの形容詞の例をあげる（abed（寝床で）や afire（燃えて）のように古語になっているものは除いてある）．

(17) ablaze（燃えて），afloat（漂って），afoot（進行中で），afraid（恐れて），aghast（仰天して），agleam（光り輝いて），aglimmer（かすかに光って），aglitter（キラキラ輝いて），aglow（赤く輝いて），agog（興奮して），ajar（半開きで），akin（同族の），alight（燃えて），alike（似ている），alive（生きている），alone（1 人で），amiss（適切ではない），askew（歪んで），asleep（眠って），averse（ひどく嫌いで），awake（眠らずに），aware（気づいている），awash（水浸しで），awry（歪んで）

a child who was asleep（寝ていた子ども）はいいが，asleep を限定用法として使って *an asleep child と言い換えると，きわめて非文法的な表現となる．しかし，ここで注意すべきことは，修飾されたり等位接続されたりすると，限定用法の容認可能性が著しくあがるということである．たとえば，*their awake children は非文法的であるが，awake が still（まだ）で修飾された their *still* awake children（まだ起きている彼らの子どもたち）は容認される．また，*She flashed me an aware glance. は非文法的であるが，aware が amused と等位接続された She flashed me an aware, amused glance.（彼女は私に気づき嬉しそうな視線を送った）は容認される．alert（用心深い）と aloof（よそよそしい）は，叙述用法として使われることが圧倒的に多いが，限定用法も容認される（aloof の限定用法はやや周辺的であり，普通に容認されるというわけではない）．

(b) 補部をともなう形容詞

補部をともなう形容詞は，通常，限定用法で使うことができないため，補部を必ずともなう形容詞も普通は限定用法では使われない．これらの形容詞の例を（18）にあげる．なお，カッコのなかには形容詞がとる補部のタイプが示してある（前置詞句の場合は前置詞のみを示し，to 不定詞の場合は「不定詞」としてある）．

(18) able（不定詞）（〈... することが〉できる）
accustomed (to)（〈... に〉慣れている）
apt（不定詞）（〈... する〉傾向がある）
conscious (of)（〈... に〉気づいている）
desirous (of)（〈... を〉切望している）
devoid (of)（〈... を〉欠いている）
fond (of)（〈... が〉好きだ）
fraught (with)（〈... に〉満ちている）
intent (on)（〈... に〉集中している）
liable（不定詞）（〈... すべき〉法的責任がある）

これらの形容詞のなかには2つ以上のタイプの補部をとるものもある．たとえば，accustomed（慣れている）は補部として to 前置詞句だけでなく to 不定詞もとる（形容詞とその補部のタイプについてのより詳細なリストは3.1節を参照）．[8]（18）の desirous を例にとると，叙述用法の The minister is desirous of meeting with them.（大臣は彼らとの会合を切望している）は容認されるが，限定用法の *the desirous minister は容認されない．ただし，(a) でみた接頭辞の a- がつく形容詞と同じように，修飾語を付け加えたり，形容詞を並列して使うと限定用法の容認性があがる場合がある．つぎの文は（18）にある fond が限定用法で使われている実例である．

Gina Verity, ..., would be seen by any court in the way that I had seen her at first, as a relaxed, tolerant and fond mother doing her

[8] 補部に to 不定詞節（および非定形節）をとる形容詞については，本シリーズ第1巻の『動詞と非定形節，そして動詞を欠いた節』も参照．

best in difficult circumstances.

（私がはじめて彼女を見た時と同じように，どんな裁判官もジーナ・ベリティを，困難な状況下で最善を尽くしている，落ち着いた，寛大な，愛情深い母親としてみるであろう）

(18) でとり上げた形容詞の多くは，限定用法として使われる場合，意味が異なる．

(19) i. a. They are able to talk.（彼らは話すことができる）
b. an able worker（有能な労働者）
ii. a. We are accustomed to hard work.
（私たちはきつい仕事に慣れている）
b. his accustomed manner（彼のいつものやり方）
iii. a. I was conscious of the danger.
（私はその危険に気づいていた）
b. a conscious effort（意識的な努力）
iv. a. I'm very fond of them.（私は彼らのことがとても好きです）
b. fond memories（懐かしい記憶）
v. a. It is fraught with danger.（それは危険に満ちている）
b. a rather fraught evening（いくぶん心配な夜）

(19iib) の accustomed と (19ivb) の fond は（その限定用法の意味では）叙述用法としては使えないことに注意しておこう．

補部が任意である（つまり補部をとってもとらなくてもいい）が，叙述用法と同じ意味で限定用法として使うことができない形容詞がたくさんある．たとえば，embroiled（巻き込まれる），involved（関与する），short（不足して）は補部をともなわない叙述用法が可能である．

I don't want to get embroiled (sc. in a certain situation).

（私は巻き込まれたくない（つまり，ある状況に（巻き込まれたくない）））

How many students were involved?
（何人の学生が参加しましたか）
We are still short (e.g. of chairs).
（私たちはまだ不足している（たとえば，椅子が（不足している）））

しかし，embroiled，involved，short は上の例にある叙述用法と同じ意味で限定用法として使うことができない．

(c) そのほかの少数の形容詞

(20) i. faint（めまいがする），ill（病気だ），poorly（健康がすぐれない），
sick$_d$（BrE［イギリス英語］）（吐き気がする），
unwell（気分がすぐれない），well（健康だ）
ii. bereft（喪失感を感じている），content（満足している），
drunk（BrE）（酔った），glad（うれしく思う），
present（出席している），rife（広まっている），sorry（気の毒だ）

(20i) の形容詞は健康状態や体調に関係している．たとえば，(20i) にある faint は I feel faint.（私はめまいがする）のような文にみられる意味を表す．また，ill は修飾語句をともなうときには限定用法でも使われる（例：They were charged with neglecting their mentally ill daughter.（彼らは精神疾患の娘の育児放棄の罪に問われている））．[9] sick の下付きの d はこの場合の sick の意味が**動的（dynamic）**であることを表している．具体的にいうと，be sick における sick が「吐く（vomit）」という動的な意味になる．このように，動的な意味を表す形容詞は意味的には例外的である．よって，「気分がすぐれない（unwell）」という状態の意味を表す sick とは区別される．この状態の

[9] ill の異なる（限定用法のみでの）意味が，つぎのことわざにみられる．
It's an ill wind that blows nobody any good.
（誰の得にもならない風は吹かないものだ（＝甲の損は乙の得））

意味を表す sick の場合は his very sick mother（とても具合の悪い彼の母親）のように限定用法で使われる．well は He's not a well man.（彼は健康な人ではない）のような文では限定用法としても使われるが，通常は限定用法では使われず，*his well mother のような限定用法は容認されない．

(20ii) の bereft と rife には補部を義務的にとる用法における意味があり，その場合は (b) の「補部をともなう形容詞」に属する（例：bereft of ideas（アイディアがまったく浮かばない），rife with rumours（噂が流行して））．しかし，ここで扱っているのは，つぎのような補部をともなわない場合の意味である．

She felt bereft and friendless

((たとえば，友人を失った後に）彼女は喪失と孤独を感じた）

Corruption was rife.

（不正がはびこっている）

限定用法では用いられない content は一般的な形容詞 contented（満足した）とは区別され，drunk も限定用法のみの drunken（酔った）とは区別される．I'm glad/sorry（嬉しく／気の毒に思う）における叙述用法の glad と sorry は，イディオム表現で使われる限定用法のみの意味とは区別される（例：glad tidings（吉報），glad rags（晴れ着），a sorry state of affairs（困った状態））．present は叙述用法の場合，たとえば Only fifteen members were present.（わずか 15 人しか出席していなかった）のように「出席している」という意味を表す．この意味でも実際に限定用法で使われるが，それは present company（ここにお集まりの皆さま）という句においてのみである．そのため，たとえば，the present members（現会員）の present は「現在の (current)」という限定用法のみの意味を表す．

■ 後置修飾のみの形容詞

後置修飾でのみ使われる形容詞がわずかながらある．

(21) i. restaurants aplenty（たくさんのレストラン）
flowers galore（たくさんの花）
the city proper（厳密な意味での都市部）
ii. Attorney General designate（指名された法務長官）
the President elect（当選した大統領）
the poet laureate（桂冠詩人）

aplenty（たくさんの）と galore（たくさんの）はいくぶん古風な表現である．また，ここでの proper は「厳密な意味での」という意味であり，a proper job（まともな仕事）にみられる限定用法のみの意味や His behaviour was not considered proper.（彼の振る舞いは適切なものとはみなされなかった）にみられる帰属的な意味とは異なる．(21ii) の形容詞は限られたごく少数の名詞とともに用いられる．たとえば，designate（指名された）と elect（当選した）は任命されたり選出されたりするさまざまな職務を表す名詞とともに使われ，laureate（桂冠の）は主に poet（詩人）あるいは Nobel (prize)（ノーベル（賞））とともに使われる．

4.3　限定用法が強意を表す 2 つの構文

この章の締めくくりとして，限定用法の形容詞が**強意（intensificatory）**を表す 2 つの構文をとり上げる．

(22) i. *It was a* [*long, long way*].　**[強意のための反復]**
（長い長い道のりであった）
ii. *A* [*tiny little bird*] *flew in.*　**[強意のための類語反復]**
（とても小さな小鳥が舞い込んできた）

(22) の [　] 内の小名詞句は積み重ね修飾（3.2 節を参照）の構造をしており，それゆえ，(22i) の long＋long way と (22ii) の tiny＋little bird は小

名詞句の直接構成素であると考えられる.[10]

■強意のための反復

(22i) の**反復 (repetition)** による強意は, It was a *very* long way. (とても長い道のりであった) のように very で形容詞を修飾するのと同じ効果がある. そのため, この反復による強意が可能なのは段階的形容詞に限定される. 事実, *I hurt my left, left hand. のような表現は使われない. この強意のための反復では, 通常, 形容詞が 2 回繰り返されるが, 2 回でなければならないという文法上の制約はない. とくに, くだけた文体やエピソード話を表現豊かに語る場合においては, 形容詞が 3 回あるいはそれ以上繰り返される場合もある. たとえば, That's become a big, big, big issue at our school. (それは我が校の大きな大きな, 大問題となってしまった) のような実例がある.

もちろん, すべての段階的形容詞がこの構文に現れるわけではないが, 多くの段階的形容詞がこの構文に現れる. とくに, 英語において頻繁に使われる基本的な形容詞のほうが, めったに使われない形容詞や学問的な形容詞よりもこの構文に現れることが多い. また, この構文は子ども向けの物語や子どもに話しかける際により頻繁に使われる (例 : a big, big elephant (大きな大きな象) や a naughty, naughty boy (悪い悪い男の子)). したがって, 使いすぎると人を見下したような感じやおどけた感じになってしまうが, この構

---

[10] (i) の [ ] 内の名詞句は積み重ね修飾の構造をしているため, these には 3 つの解釈がある.

(i) I prefer [those blue cotton blankets] to these.
(私はそれらの青い綿の毛布よりこれらのほうがいい)

these の解釈 : (i) these blankets (これらの毛布)
(ii) these cotton blankets (これらの綿の毛布)
(iii) these blue cotton blankets (これらの青い綿の毛布)

このように, these には 3 つの解釈があるが, すべて主要部名詞の blanket を含む解釈であることから, 積み重ね修飾においては複数の修飾語が主要部に層のように積み重なっている構造 (layered structure) をしていることがわかる. この点に関しては, 本シリーズ第 3 巻の『名詞と名詞句』を参照.

文は間違いなく確立されているものであり，話し言葉と書き言葉の両方において，改まった場面で大人に対してもごく普通に使われる．強意のための反復においてよく用いられる形容詞には以下のものがある．

(23)　bad（悪い），big（大きい），bright（鮮やかな），cold（寒い），
cool（涼しい），cruel（残酷な），deep（深い），fine（素晴らしい），
good（よい），great（巨大な），hard（固い），heavy（重い），
high（高い），hot（熱い），huge（巨大な），large（大きい），
long（長い），low（低い），nasty（不快な），real（本当の），
sad（悲しい），short（短い），sick（病気の），small（小さい），
smart（賢い），soft（柔らかい），tight（堅い），tiny（ちっぽけな），
tough（強靭な），vast（広大な），wide（幅の広い），wild（荒々しい）

(23) 以外にも多くの形容詞がこの構文で使われる．とくに，比較的短い形容詞は使用頻度が高い（例：awful（ひどい），close（近い），dark（暗い），lovely（かわいらしい），nice（素敵な），picky（小うるさい），pretty（かわいらしい），strong（強い），stupid（バカな），touchy（短気な），ugly（不快な），weak（弱い）など）．しかし，長い形容詞も頻度は低くなるがこの構文で使われる．以下に実例をあげる．

(24)　i. In numerous, numerous instances, what he told us has turned out to be true.
（きわめて多くの，本当に多くの場合において，彼が私たちに語ったことは本当であった）

ii. This has become a powerful, powerful weapon for the government.
（これは政府にとって強力な，強力な兵器になった）

iii. The company has faced a series of major, major setbacks.
（その会社は一連の大きな，大きな失敗に直面した）

[専門的解説]

この構文は，会話においてためらいが生じた場合の反復や要約（**recapitulation**）としての反復とは区別すべきである（例：We have a unique, [pause] unique opportunity here.（ここに唯一の，［ポーズ］唯一の機会がある））．要約としての反復であることは副詞が使われることで明らかになる（例：We have a unique, *simply* unique, opportunity here.（ここに唯一の，本当に唯一の機会がある））．この要約としての反復は叙述用法の形容詞にもみられる（例：It was gorgeous, (absolutely) gorgeous.（それは豪華な，（実に）豪華であった））．

また，強意のための反復は皮肉を表す反復とも区別される．たとえば，最終原稿と思われた原稿が続いた後で「これが本当に最終原稿であるか」と皮肉的に尋ねる場合に，Is this the final final draft? という形容詞の反復表現が使われる．

■強意のための類語反復

(22ii) の a tiny little bird（とても小さな小鳥）では，同じ意味（または，ほぼ同じ意味）をもつ２つの形容詞が連続して使われ，「とても小さな鳥 (a very little bird)」という解釈になる．したがって，このような表現を強意のための**類語反復**（**tautology**）とよぶ．この反復はくだけた（インフォーマルな）表現であり，普通は「とても小さい」や「とても大きい」という意味を表す場合に限定される（例：a huge big box（とても大きな大きな箱））．

形容詞の great は現代英語ではあまり「大きさ」を表すためには使われない．たとえば，It was great. は「それはとてもよい (It was extremely *good.*)」という意味であり，同様に，They have a great house. も「彼らは素晴らしい家をもっている (They have a *wonderful* house.)」という意味であって，「彼らは大きな家をもっている (They have a *big* house.)」という意味ではない．しかしながら，強意のための類語反復で使われた場合には，great が「大きい」という意味を表す（例：an enormous great house（非常に大きな大きな家），a great big hole（大きな大きな穴）など）．また，限定用法のみで使われる接尾辞 -ing のついた程度を表す形容詞のいくつかは，この強意のための類語反復で用いられている（例：a whopping great hole（とてつもなく大きな大きな穴）や a thumping big majority（圧倒的な大差）など）.

第 5 章　副詞：副詞の定義

5.1　名詞以外の主要部の修飾語としての副詞

本書の冒頭で述べたように，一般的に，動詞を修飾する語は名詞を修飾する語とは異なる．以下の比較をみてみよう．

(1) i. a. old houses　[名詞の修飾語]
(古い家)
b. *They endured old.　[動詞の修飾語]
ii. a. *her quite enjoyment of it　[名詞の修飾語]
b. She quite enjoyed it.　[動詞の修飾語]
(彼女は大いにそれを楽しんだ)
iii. a. a remarkable / *remarkably change　[名詞の修飾語]
(著しい変化)
b. It changed remarkably / *remarkable.　[動詞の修飾語]
(それは著しく変化した)

(1i) と (1iii) にあるように，old と remarkable は形容詞であり，動詞ではなく名詞を修飾する．一方，(1ii) と (1iii) にあるように，quite と remarkably は副詞であり，名詞ではなく動詞（あるいは動詞句）を修飾する．多くの場合，形容詞と副詞は形態的に関係している．具体的にいうと，(1iii) の remarkable と remarkably にみられるように，形容詞に接尾辞 -ly をつけると副詞になる．

これが副詞の定義の出発点となる．すなわち，名詞ではなく動詞を修飾するという特徴から文法的に区別できる語のカテゴリーが副詞となる．しかし，おおまかにいえば，動詞を修飾することができる語は，形容詞やほかの副詞も修飾することができる．また，名詞（あるいは小名詞句）以外のさらにほかのカテゴリー（前置詞句など）も修飾することができる副詞も多い．以下の例をみてみよう（(2) では，副詞に二重下線，副詞が修飾する要素に下線が引いてある）．

(2) i. a. They [almost suffocated]. [動詞]
(彼らは危うく窒息するところだった)

b. The article was [almost incomprehensible]. [形容詞]
(この記事はほとんど理解できなかった)

c. She [almost always] gets it right. [副詞]
(彼女はほとんどいつも正しく理解している)

d. [Almost all] the candidates failed. [限定詞]
(ほとんどすべての受験者が落ちた)

e. They are [almost without equal]. [前置詞句]
(彼らにはほとんど並ぶものがいない)

f. She read [almost the whole book] in one day. [名詞句]
(彼女は 1 日でその本をほぼ全部読んだ)

ii. a. He [behaved annoyingly]. [動詞]
(彼の振る舞いはうっとうしかった)

b. We'd had enough of his [annoyingly unpredictable] behaviour. [形容詞]
(彼の腹が立つほど気まぐれな行動にはもううんざりだった)

c. They are late [annoyingly often]. [副詞]

（彼らは腹が立つほど頻繁に遅刻する）

d. Annoyingly, they hadn't left us any milk. [節]

（腹が立つことに，彼らは私たちに牛乳をまったく残していなかった）

almost はもっとも「万能」なものの 1 つであり，(2ia–c) にあるように動詞や形容詞や副詞を修飾するだけではなく，(2id–f) にあるように限定詞や前置詞句や名詞句も修飾する．ここで，名詞と名詞句を区別する必要があることに注意しよう．副詞は限定用法の修飾語として名詞を修飾することはできないが，多くの場合，名詞句全体を「外から」修飾することはできる．たとえば，(2if) の almost the whole book の場合は，副詞の almost は the whole book という名詞句全体を修飾することができる．これに対して，*She congratulated him on his [almost success]. が容認されないことからもわかるように，副詞の almost は名詞の success を修飾することはできない．また (2ii) にあるように，annoyingly は動詞や形容詞や副詞だけでなく，節全体も修飾する．[1]

以上のことから，副詞を定義する上でもっとも重要となる特性は (3) のようにまとめられる．

(3) 副詞の特徴は動詞を修飾することであるが，名詞以外のほかのカテゴリー（とくに形容詞と副詞）も修飾することができる．

[1] (2iid) の Annoyingly は音韻的にポーズが置かれ残りの部分から切り離されることから，修飾語ではなく補足的要素である．しかし，副詞の場合は両者ともに節を修飾する．副詞が修飾語として節に組みこまれた例としては，以下のようなものがある．

Suddenly there was a tremendous crash.

（突然とてつもない衝突が起こった）

Perhaps you made a mistake.

（おそらく君は間違いを犯した）

■副詞の多様性

副詞はこのように幅広いカテゴリーを修飾することができる．しかし，すべての副詞が（2）にあげたすべての主要部とともに使われるというわけではないので，副詞というカテゴリーにはやや異質なものが混在していることになる．たとえば，「高い程度まで（to a high degree）」という意味の very や「過度の（excessively）」という意味の too は形容詞と副詞（および前置詞句のいくつか）を修飾するが，動詞や名詞句や節を修飾することはない．とくに，動詞を修飾することができない点で，これらの副詞は典型的な副詞とは著しく異なっている．

*I enjoyed it very.
(I enjoyed it considerably.（私は大いにそれを楽しんだ）と比較)
*He worries too.　[too が「〜もまた」という意味なら OK]
(He worries excessively.（彼は過度に心配する）と比較)

moreover（さらに）や nevertheless（それにもかかわらず）のような副詞は節を修飾するが，動詞や叙述用法の形容詞を修飾しない．only や even のような副詞はほかの副詞よりも広範囲なカテゴリーを修飾できる．

I regret [only that I couldn't do more to help].　**[内容節]**
（もっと手助けすることができなかったということだけが悔やまれる）
They open [even on Christmas Day].　**[イディオムではない前置詞句]**
（彼らはクリスマスの日でさえ営業している）

このように，ある語が副詞であるということは，その語が統語上どのように用いられるかをおおまかに指摘しているのに過ぎないのである．より詳細な説明のためには，その副詞がどのカテゴリーを修飾できるかについて言及する必要がある．

しかしながら，ある程度の共通性が副詞というカテゴリーにはあることも強調しておく必要がある．その 1 つが，どんなタイプの表現を修飾する副詞

にも接尾辞 -ly によって形容詞から派生した -ly 副詞が含まれるということである．たとえば，moreover（さらに）や nevertheless（それにもかかわらず）などの接続語として機能する**連結副詞（connective adverb）**には，形容詞から派生した consequently（その結果）も含まれる．同様に，(2if) でとり上げた almost のように名詞句を修飾する副詞には，absolutely（完全に）や possibly（ことによると）など，多くの -ly 副詞が含まれる（例：absolutely the best way of handling the situation（その状況に対処するまさに最善の方法））．

ほかの副詞の共通性として，-ly 副詞が名詞を修飾しないということもあげられる．この名詞を修飾する機能がないというのは，副詞の顕著な特徴である（名詞を修飾する -ly がつく語はあるが，それらは副詞ではなく形容詞である（例：a likely story（もっともらしい話），the ugly building（へんてこな建物），my only daughter（私の一人娘），this lovely party（この素晴らしいパーティ））．[2]

■副詞のカテゴリーの縮小

伝統文法（traditional grammar）の慣例（たとえば，辞書における語の分類に反映されているようなもの）においては，副詞は種々雑多で「余りもの」的なものからなるカテゴリーとして捉えられている．具体的には，より明確な基準をもつ名詞，動詞，形容詞，前置詞，接続詞に属さない語が副詞に分類される．名詞は，節構造における主語あるいは目的語（の主要部）として機能し，（たいていは）数によって語尾変化し，限定詞がつく．動詞は節構造の主要部として機能し，時制によって語尾変化する．形容詞は通常，名詞

---

[2] 接尾辞の -ly がついて形容詞になる場合，主に名詞につくことが多い．

(i) friendly（友好的な）: friend（友人）+ -ly
  manly（男らしい）: man（男）+ -ly
  cowardly（臆病な）: coward（臆病者）+ -ly

この場合の -ly は，「～らしい（like）」という意味を表す．このような**形容詞化（adjectivalisation）**の詳細に関しては，本シリーズ第 10 巻の『形態論と語形成』を参照．

句内で限定用法の修飾語として機能したり，叙述補部として機能したりする．また伝統文法では，前置詞は名詞句補部をとり，接続詞は従属節あるいは等位節を導く．（間投詞を含む）ごくわずかな例外はあるものの，これら以外のほかの語はすべて副詞に分類される．

本シリーズでは，副詞をより首尾一貫したカテゴリーにするため，副詞に分類される語を以下の点で大幅に絞っている．

・大きな変更：副詞と前置詞

本書の分析と伝統文法とで大きく異なるのは，副詞と前置詞の区別である．本書では，名詞句以外の要素を補部にとる語も前置詞とみなすだけでなく，補部をともなわない語も前置詞とみなす場合がある．それゆえ，本書の分析では，(4) の下線部の語は副詞ではなく前置詞である．

(4) i. [According to Mary,] we have no chance of winning.
(メアリーによると，我々には勝つ見込みがまったくない)
ii. The basket is outside. (そのかごは外にある)

この点に関して，ここでは簡潔に 2 点だけ述べる．[3]

(a) 副詞句と同様に，前置詞句も節構造において付加部として機能することができる．両者の違いは主にどのような内部構造をもつかという問題になるが，前置詞句を名詞句補部をとる句に限定する適切な理由はない．このように考えれば，(4i) の「主要部＋補部句」という構造をもつ according to Mary を副詞句ではなく前置詞句として解釈することは，十分妥当である．

(b) (4ii) における outside は be 動詞の補部であるが，-ly 副詞は be 動詞の補部にはならない．ここで注意すべきことは，形容詞とその形容詞から派生した -ly 副詞のペアがある場合，be 動詞の補部の位置に表れるのは -ly 副

[3] 副詞と前置詞の区別に関する詳細に関しては，本シリーズ第 5 巻の『前置詞と前置詞句，そして否定』を参照．

詞ではなく形容詞である．また，outside が動詞を修飾していると考えるのは妥当ではない．したがって，outside のような語は副詞ではないと考えることには十分な根拠がある．

・小さな変更：代名詞と限定詞

本書では，以下のものも副詞とは考えない．

(5) i. yesterday（昨日），today（今日），tomorrow（明日），tonight（今夜） [代名詞]

ii. the（その），this（この），that（あの），all（すべての），any（何か），a little（少しの），**much**（とても），**little**（ほとんど ... ない），enough（十分に） [限定詞]

伝統文法では，(5i) の語は (6i) のような例では名詞であり，(6ii–iii) のような例では副詞であるとしている．

(6) i. Yesterday was the first day for weeks that it hasn't rained.
（昨日，何週間ぶりに雨が降らなかった）

ii. They arrived yesterday.（彼らは昨日到着した）

iii. [Their behaviour yesterday] was quite embarrassing.
（彼らの昨日の行動にはひどく困らされた）

しかしながら，(6i) と (6ii) の yesterday は機能的には異なるがカテゴリーまで区別する必要はない．なぜなら，きわめて多くの名詞句が節構造において付加部として用いられるからである．以下に，いくつか例をあげる．

They arrived last week.（彼らは先週到着した） [時間]

They stayed a long time.（彼らは長期間滞在した） [期間]

They tried many times.（彼らは何度も挑戦した） [頻度]

They did it this way.（彼らはこのようにそれをした） [様態]

したがって，(6ii) の yesterday も同じように捉えられる．つまり，**直示代名詞 (deictic pronoun)** の yesterday を主要部とする名詞句が時間を表す付加詞として使われているといえる．また，(6iii) の yesterday も名詞の behaviour を修飾しているため副詞ではない．事実，*Their *behaviour* so badly was quite embarrassing. のように名詞の behaviour を副詞の so badly が修飾している文は非文となる．これに対して，上の文の名詞の behaviour を動詞に置き換えた Their *behaving* so badly was quite embarrassing.（彼らが非常にひどく振る舞ったことはかなり困惑させるものであった）や，副詞の badly を形容詞に置き換えた Their bad *behaviour* was quite embarrassing.（彼らのひどい振る舞いはかなり困惑させるものであった）のような文は文法的である．

同様のことが (5ii) にあげた語にも当てはまる．伝統文法においては，これらの語は (7i) のような例では形容詞であり，(7ii) のような例では副詞であるとされている．

(7) i. a. We haven't got [much time].（我々にはあまり時間がない）
b. She wrote [this book].（彼女がこの本を執筆した）
ii. a. We didn't [like it much].
（私たちはそれがあまり気に入らなかった）
b. She is [this tall].（彼女はこんなにも背が高い）

この場合も，限定詞を機能の違いに応じて形容詞と副詞という異なるカテゴリーに区別する必要はない．というのは，基本的な限定詞の大多数が形容詞と副詞の両方の用法をもつからである．確かに，複数形の名詞をとる限定詞（例：these, those, we, you, both, several, many, few, a few）や可算名詞の単数形をとる限定詞（例：a, each, every, either, neither, another）は副詞的には使えず，動詞や形容詞や副詞の修飾語にはならない．しかし，疑問限定詞と関係限定詞を除くと，不可算名詞とともに使われる限定詞

のほとんどが副詞的にも使われ，動詞や形容詞や副詞の修飾語になる.[4]

5.2 副詞の形態

副詞は，名詞，動詞，形容詞とは異なり，その大多数が接辞をともなうなどの複雑な形態をしている．そのため，as（同じくらい），quite（まったく），soon（すぐに）のように接辞をともなわない単純形の副詞は，割合としてはごくわずかである．この節では，副詞の形態についてみていく．

(a) 形容詞から派生した -ly 副詞

かなり多くの副詞が形容詞に接尾辞の -ly をつけることでつくられる．[形容詞＋-ly] の形態をもつ副詞の多くは，様態を表す 'in an Adj manner/way' や程度を表す 'to an Adj degree' で言い換えられる（Adj は「形容詞 (Adjective)」を表す）．以下に例をあげる．

careful-ly（注意深く）＝in a *careful* manner
hasti-ly（急いで）＝in a *hasty* way
extreme-ly（極端に）＝to an *extreme* degree
surprising-ly（驚くほどに）＝to a *surprising* degree

しかし，多くの -ly 副詞が様態や程度を表す意味をもっておらず，また，そ

---

[4] 疑問節や関係節で名詞の限定詞として使われる**疑問限定詞（interrogative determinative）**と**関係限定詞（relative determinative）**には，which, what, whichever, whatever がある．以下にそれぞれの例をあげる．

(i) a. [Which/What videos] have been released this week? 　**[疑問限定詞]**
(今週，どの／どんなビデオが出ましたか)

b. We can use [whatever/whichever edition you want]. 　**[関係限定詞]**
(あなたの望むどんな／どの版も利用可能です)

個々の限定詞の詳細に関しては，本シリーズ第 3 巻の『名詞と名詞句』を参照.

のような意味をもっている場合でも，たいていは別の意味でも使われる.[5] よって，形容詞とその形容詞から派生した -ly 副詞の間には，単純で規則的な意味の対応関係があるというわけでもないということは強調しておかなければならない．事実，(8) の形容詞と -ly 副詞のペアに関しては，-ly 副詞が表している意味を，対応する形容詞を用いて一律に言い換えることはできない．

(8) i. a. their final performance（彼らの最後の演技）
b. They finally left.（彼らはようやく去って行った）
ii. a. the individual members（個々のメンバー）
b. We must examine them individually.
（私たちはそれらを別々に調べなければならない）
iii. a. a real disappointment（心からの失望）
b. I really enjoyed it.（私は大いにそれを楽しんだ）
iv. a. a total failure（完全な失敗）
b. She's totally absorbed in her work.
（彼女はすっかり仕事に没頭している）

---

[5] 様態を表す -ly 副詞がほかの意味でも使われている例としては，以下のようなものがあげられる．

(i) a. He sang badly. ［様態］
（彼の歌はひどかった）
b. They wounded him badly. ［度合い］
（彼らはひどく傷を負っていた）
(ii) a. He'll behave typically. ［様態］
（彼は典型的な振る舞いをした）
b. This typically happens after a long drought. ［頻度］
（これは干ばつが長く続いたあとに概して起こる）
(iii) a. She smiled happily. ［様態］
（彼女はうれしそうにほほえんだ）
b. Happily, I was able to get my money back. ［評価］
（幸運なことに，お金を取り戻すことができた）

この点に関する詳細は，本シリーズ第2巻の『補部となる節，付加部となる節』を参照.

(8) にあげた形容詞と -ly 副詞のペアよりも意味的なつながりがずっと少ない形容詞と -ly 副詞のペアもある．以下に例をあげる．

bare（裸の）— barely（かろうじて）
hard（難しい）— hardly（ほとんど～ない）
scarce（不足している）— scarcely（ほとんど～ない）
late（遅い）— lately（最近）
present（現在の）— presently（間もなく）
short（短い）— shortly（すぐに）

・-ly 副詞をつくらない形容詞

非常に多くの形容詞が接尾辞の -ly をつけて副詞をつくることができるが，-ly をつけることができない形容詞もまた多く存在する．以下に例をあげる．

(9) i. afraid（恐れて），aghast（仰天して），alive（生きて），
asleep（眠って），awake（眠らずに），awash（水に覆われて）
ii. inferior（劣った），junior（より年下の），%major（重要な），
minor（重要でない），senior（年上の），superior（すぐれた）
iii. friendly（親切な），leisurely（ゆっくりした），lonely（孤独な），
poorly（気分がすぐれない），silly（愚かな），ugly（不快な）
iv. hurt（傷ついた），improved（改善された），
unexplained（解明されていない），written（筆記の），
Paris-based（パリに本部を置いた）
v. American（アメリカの），British（英国の），Chinese（中国の），
European（ヨーロッパの），Iraqi（イラクの），Parisian（パリの）
vi. blue（青色の），brown（茶色の），orange（オレンジ色の），
purple（紫色の），scarlet（緋色の），yellow（黄色の）
vii. big（大きい），content（満足して），drunk（酔っ払った），
fake（にせの），fat（太った），female（女性の），foreign（外国の），

good（よい），key（主要な），little（小さい），long（長い），macho（たくましい），male（男性の），modern（現代の），nuclear（原子力の），old（年老いた），prime（もっとも重要な），sick（病気の），small（小さい），sorry（気の毒で），tall（背の高い），urban（都会の），woollen（羊毛の），young（若い）

ここでは，同音異義語の副詞と形容詞の例は除外している（同音異義語の副詞と形容詞に関しては，下の（c）のところで扱う）．

（9i–iv）の形容詞の例から，-ly の接辞化にはつぎのような形態上の制約があることがわかる．

① 接頭辞の a- ではじまる形容詞には -ly はつかない．（(9i)）
② ラテン語の比較級に由来する接尾辞 -or で終わる形容詞には -ly はつかない．（(9ii)）
③ 形容詞自体が -ly で終わる形容詞には（-ly が形容詞を形成する接尾辞かどうかにかかわらず）-ly はつかない．（(9iii)）

したがって，*afraidly，*inferiorly，*friendlily というような副詞は存在しない．また，(9ii) の major についている % は，%majorly という副詞が一部の主に若い世代の間で「すごい方法で (in a major way)／とてつもなく (to a considerable degree)」という意味の話し言葉として最近使われるようになってきたことを表している．さらに，-ly の接辞化にはつぎのような形態上の制約もある．

④ 過去分詞形の形容詞には -ly はつかない．（(9iv)）

ただし，この場合は tiredly（疲れて）や determinedly（断固として）のようないくつかの例外もある．

（9v–vi）の形容詞の例からは，-ly の接辞化にはつぎのような意味上の制約もあることがわかる．

⑤ 地名に由来する形容詞には -ly はつかない.（(9v)）

⑥ 色を表す形容詞には一般的に -ly はつかない.（(9vi)）

しかしながら，色に関しては blackly（黒く），whitely（白く），greenly（緑色に），redly（赤く）のような -ly 副詞がいくつか存在する（例：The Huntleys' farmhouse rose redly out of the red Herefordshire earth, as if it had, over the centuries, just slowly emerged from it.（ハントリーの家屋は，まるで何世紀にもわたって大地からゆっくりと現れたかのように，ヘレフォードシャーの赤い大地から赤くそびえ立っていた））.

最後に，(9vii) には -ly 副詞をつくらない種々雑多な形容詞があげられている．注目すべきは，大きさや年齢を表すよく使われる短い形容詞がここに含まれていることである．good には対応する副詞として形態的には関係のない well がある．content や drunk は，-ly 副詞をつくる contented（満足した）と drunken（酔っ払った）とは区別されるべきである．

・形容詞以外から派生した -ly 副詞

(10) i. bodily（身体ごと），namely（すなわち），partly（部分的に），
purposely（故意に），matter-of-factly（当然のことのように）

ii. accordingly（したがって），exceedingly（非常に），
jokingly（ふざけて），longingly（切望して）

(10i) では，名詞に -ly がついているか，または matter-of-factly のように句に -ly がついている（daily や hourly などの語に関しては以下の (c) を参照）．(10ii) では -ing で終わる語に -ly がついているが，-ing がついている語幹は動詞であって，形容詞であることは（ほとんど）ない．

(b) 形態的に複雑なそのほかの副詞

(11) i. afresh（新たに），again（再び），aloud（声を出して），

anew（新たに），apace（急速に）

ii. almost（ほとんど），already（すでに），also（〜もまた），altogether（完全に），always（いつも），anyhow（なんとしても），anyway（なんとしても），somehow（どうにかして），sometimes（ときどき），somewhat（いくぶん）

iii. edgeways（横向きに），lengthways（長く），sideways（横に），clockwise（右回りに），crabwise（横向きに），crosswise（横に），likewise（同じように），otherwise（別のやり方で），moneywise（金銭面で），healthwise（健康面で），plotwise（構想に関して），weatherwise（天候に関して）

iv. forthwith（直ちに），furthermore（さらに），indeed（本当に），maybe（おそらく），meantime（その間に），meanwhile（その間に），moreover（さらに），nevertheless（それにもかかわらず），nonetheless（それにもかかわらず），nowadays（今日では），oftentimes（しばしば），doubtless（確かに）

v. never（決して〜しない），neither（〜もまた〜ない），nor（〜もまた〜ない），once（一度），thrice（三度），twice（二度）

接頭辞の a- がつくことで，afraid のような形容詞や along のような前置詞，そして，(11i) にあるような副詞がつくられる．(11ii) の副詞は限定詞ではじまる複合語であるが，これらの副詞の意味は構成要素の意味からは予測することができない（(11ii) の *al*most，*al*ready，*al*so，*al*together，*al*ways の al- は限定詞の all（すべて）からきている）．(11iii) の副詞は -wise あるいは -ways という語尾で終わっているが，なかには length*wise*/length*ways* のように両方の形が可能なものもある．最後の 4 語（money*wise*，health*wise*，plot*wise*，weather*wise*）は最近使われるようになってきた -wise の例であり，この場合の -wise は「〜に関して（“as regards”）」という意味を表す．この -wise は多くの臨時的な語をつくり出しているが，主にくだけた文体で使われ，イギリス英語よりもアメリカ英語によくみられる．同様に，fashion も doggy-fashion（犬のように）のような臨時的な複合語をつくり出す．(11iv) には，派生語の doubtless（確かに）も含め，形態が複雑なさまざまな副詞があげてある．(11v) の最初の 3 語（never, neither, nor）は否定語であり，最後の 3 語（once, thrice, twice）は数詞に基づく形態的に不規則な語である．このカテゴリーには，以下の例の下線部のような語も含められるかもしれない．

It <u>sort of</u> collapsed.（それは多少崩壊した）
It looks <u>kind of</u> dangerous.（それはいくぶん危険そうに見える）
He <u>as good as</u> admitted it.（彼はそれを認めたも同然だった）

これらの語は後に続く動詞や形容詞を修飾する副詞として**再分析（reanalysis）**されていると考えるのがもっとも適切である．たとえば，上の例の sort of collapsed は叙述的に機能する**定形動詞句（finite VP）**であることに注意しよう．つまり，動詞 collapsed は（sort of の）of の補部ではなく，この動詞句の主要部である．[6]

(c) 形容詞と同音異義の副詞

形容詞と形が同じ副詞はたくさんある．そのような形容詞と同音異義の副詞は非標準の話し言葉でより多く使われる．標準的な表現においても，このような副詞はいくつかあるが，くだけた文体でしか使われないものもある．以下の例をみてみよう．

(12) i. a. She's a <u>hard</u> worker. ［形容詞］
（彼女は働き者である）
b. She works <u>hard</u>. ［副詞］

---

[6] as good as のような再分析された比較表現に関しては，本シリーズ第 7 巻の『関係詞と比較構文』を参照．

（彼女は一生懸命に働く）

ii. a. It's a real gem. [形容詞]

（それは本物の宝石である）

b. That's real nice of you. [副詞]

（本当にありがとうございます）

iii. a. They make regular payments. [形容詞]

（彼らは定期的な支払いをする）

b. !They pay the rent regular. [副詞]

（彼らは定期的に家賃を支払っている）

hard は文体に関係なく使われる．hardly という副詞があるが，hard とは意味がまったく異なっており，(12ib) の文の hard を hardly に置き換えることはできない．(12iib) の real はとてもくだけた使われ方であり，くだけた文体でなければ really が使われる．(12iiib) の regular は明らかに非標準的な表現であり，標準的な表現では -ly 副詞の regularly が使われる．最後の regular のような非標準的な表現は，歌の歌詞の !Love me tender.（私をやさしく愛して）や !Treat me nice.（私を素敵に扱って）といったポップカルチャーを通して標準英語の話者に馴染みがある（文頭についている！は「非標準的」という意味を表している）．ただし，この非標準的な用法は副詞が主要部の後ろに続く場合に限られる．よって，*She tender loved him. のように，形容詞と同音異義の副詞（tender）が主要部の動詞（loved）の前に置かれることはない．

さらに踏まえておくべきことは，形容詞と副詞の区別が常に明白であるとは限らないということである．形容詞は be 動詞以外の動詞の述語としても使われる（例．They *sat* still.（彼らはじっと座っていた），We *laid* them flat.（私たちはそれらをぺしゃんこにした））．したがって，The moon shone brightly. と The moon shone bright. の 2 つの表現（ともに「月は明るく輝いていた」という意味）が可能であるが，これらが同じ構造をもつと考える必要はない．

後者の文中の bright は副詞ではなく**叙述形容詞（predicative adjective）**と考えるのがもっとも適切である（cf. The moon was bright.（月は明るかった））.

・形容詞の意味と著しく異なる副詞

程度の差はあるが，副詞の意味が形容詞の意味と異なる場合がかなりある（つぎの例において，［形］は「形容詞の意味」を表し，［副］は「副詞の意味」を表す）.

(13) about（はやっている［形］／およそ［副］）
dead（死んだ［形］／完全に［副］）
even（平らな［形］／〜すら［副］）
far（遠い［形］／はるかに［副］）
ill（病気の［形］／悪く［副］）
jolly（上機嫌の［形］／とても［副］）
just（正しい［形］／本当に［副］）
only（唯一の［形］／だけ［副］）
pretty（かわいらしい［形］／かなり［副］）
sometime（かつての［形］／いつか［副］）
still（静かな［形］／まだ［副］）
straight（まっすぐな［形］／直ちに［副］）
very（まさに［形］／とても［副］）
well（健康な［形］／上手に［副］）

以下に（13）の語が副詞として使われている例をあげる.

(14) About five people were present.（約 5 人の人が出席していた）
You're dead right.（あなたはまったく正しい）
He won't even talk to me.（彼は私と話しすらしないだろう）

This one is far better.（このほうがはるかによい）
He won't speak ill of her.（彼は彼女のことを悪くいわないだろう）
We had a jolly good time.（私たちはとても楽しいひと時を過ごした）
It was just big enough.（それは本当に十分に大きかった）
I've only got two dollars.（私は 2 ドルを手に入れただけだった）
It's pretty dangerous.（それはとても危険である）
We must get together sometime.（私たちはいつか集まらねばならない）
I still love you.（僕はまだ君を愛している）
He went straight to bed.（彼はすぐに寝床についた）
You are very kind.（君はとても親切だ）
She speaks French well.（彼女は上手にフランス語を話す）

very kind（とても親切な）における副詞の very の意味は，this very room（まさにこの部屋）や the very edge of the cliff（まさに崖っぷち）における形容詞の very の意味とは明らかに異なる．しかし，副詞の very が形容詞の very と非常に近い意味を表す場合がある．それは，very が最上級を修飾する場合（例：the very *best* hotel（まさしく最高級のホテル））や同等比較の same を修飾する場合（例：the very *same* point（まったく同じ点））である．

・形容詞の意味とほとんど違いがない副詞
以下にあげているのは，副詞の意味が形容詞の意味とほとんど同じである例である（つぎの例において，［形］は「形容詞の意味」を表し，［副］は「副詞の意味」を表す）．

(15) i. daily（毎日の［形］／毎日［副］）
hourly（1 時間ごとの［形］／1 時間ごとに［副］）
weekly（毎週の［形］／毎週［副］）
deadly（ものすごい［形］／ひどく［副］）
kindly（親切な［形］／親切に［副］）

likely（ありそうな［形］／おそらく［副］）

ii. downright（まったくの［形］／まったく［副］）
freelance（自由契約の［形］／自由契約で［副］）
full-time（常勤の［形］／常勤で［副］）
non-stop（直通の［形］／直通で［副］）
off-hand（即座の［形］／即座に［副］）
outright（完全な［形］／完全に［副］）
overall（端から端までの［形］／端から端まで［副］）
part-time（パートタイムの［形］／パートタイムで［副］）
three-fold（3 倍の［形］／3 倍に［副］）
wholesale（卸売りの［形］／卸売りで［副］）
worldwide（世界的な［形］／世界的に［副］）

iii. bleeding（ひどい［形］／ひどく［副］）
bloody（ひどい［形］／ひどく［副］）
damn(ed)（ひどい［形］／ひどく［副］）
fucking（いまいましい［形］／いまいましく［副］）

iv. clean（きれいな［形］／きれいに［副］）
clear（明瞭な［形］／明瞭に［副］）
dear（高価な［形］／高価に［副］）
deep（深い［形］／深く［副］）
direct（直接の［形］／直接に［副］）
fine（立派な［形］／立派に［副］）
first（第一の［形］／まず第一に［副］）
flat（平らな［形］／平らに［副］）
free（自由な［形］／自由に［副］）
full（十分な［形］／十分に［副］）
high（高い［形］／高く［副］）
last（最後の［形］／最後に［副］）

light（軽い［形］／軽く［副］）
loud（大声の［形］／大声で［副］）
low（低い［形］／低く［副］）
mighty（並外れた［形］／非常に［副］）
plain（明白な［形］／明瞭に［副］）
right（正しい［形］／正しく［副］）
scarce（不十分な［形］／ほとんど〜ない［副］）
sharp（鋭い［形］／鋭く［副］）
slow（遅い［形］／遅く［副］）
sure（確かな［形］／確かに［副］）
tight（きつい［形］／きつく［副］）
wrong（間違った［形］／間違って［副］）

v.　alike（同様な［形］／同様に［副］）
alone（ただ 1 人［形］／1 人で［副］）
early（早い［形］／早く［副］）
extra（余分の［形］／余分に［副］）
fast（速い［形］／速く［副］）
hard（熱心な［形］／熱心に［副］）
how (ever)（どんな状態で［形］／どのようにして［副］）
late（遅れた［形］／遅れて［副］）
long（長い［形］／長く［副］）
next（つぎの［形］／つぎに［副］）
okay（とてもよい［形］／とてもよく［副］）
solo（単独の［形］／単独で［副］）

（15i）にあげた語は接尾辞の -ly を含むが，形容詞形も -ly を含むため，この場合の -ly は形容詞から副詞を派生させる接尾辞とみなすことはできない．この語群には，（接尾辞の -ly がつく）語幹が一定の期間を意味する語

(day, hour, week など）が含まれる（例：a monthly magazine（月刊誌）vs. It is published monthly.（それは毎月，出版される））．そのような語幹を含まない語としては deadly, kindly, likely などがあげられる（例：deadly poison（ものすごい毒［猛毒］）vs. deadly poisonous（ひどく有毒な）/ the likely result（ありそうな結果）vs. He'll very likely die.（彼はおそらく死ぬだろう））．

（15ii）は複合語の例である（例：It's a downright lie.（それはまったくの嘘である）vs. It's downright false.（それはまったく事実に反している））．（15iii）の語はとくに意味のない**虚辞（expletive）**的な語の代表例であり，形容詞の場合は限定用法のみで使われる．また，副詞の場合でも接尾辞の -ly がつくことはない（例：a bloody disgrace（ひどい不名誉）vs. bloody disgraceful（ひどく不名誉な））．

（15iv）の語はすべて対応する -ly 副詞ももつため，3つのパターン（①形容詞，②形容詞と同音異義の副詞，③ -ly 副詞）を考慮しなければならない．

（16） i. 形容詞
- a. a deep wound（深い傷）
- b. the wrong decision（間違った決定）

ii. 形容詞と同音異義の副詞
- a. It cut deep into his flesh.（それは彼の肉体に深く食い込んだ）
- b. He guessed wrong.（彼は間違った推測をした）

iii. -ly 副詞
- a. They were deeply distressed.（彼らは非常に悩んでいた）
- b. He acted wrongly.（彼は間違った行動をした）

-ly 副詞と -ly がつかない副詞は自由に置き換えができるわけではなく，両者はさまざまな点で違いがある．ここでは，いくつかの例だけをみていく．firstly と lastly は**列挙（enumeration）**を表す**連結付加詞（connective adjunct）**として使われる場合にそれぞれ first と last との置き換えが可能である（例：First / Firstly I would like to thank my parents, ...（まず最初に，両親に感謝したいと思う)). しかし, それ以外の場合は, 通常, 置き換えはできない (例：It was first/*firstly noticed last week. (それは先週はじめて注目された)). 副詞の scarce は -ly 副詞の scarcely に比べると, 古語的もしくは文語的である (例：She could scarce/scarcely remember what she'd said. (彼女は自分がいったことをほとんど思い出すことができなかった)). 副詞の dear が使われるのは, 主に cost や pay のような動詞を修飾する場合に限られている. よって, It *cost* us dearly/dear. (それは高くついた) の場合は dearly と dear は置き換えができるが, They *loved* her dearly/*dear. (彼らは彼女を心から愛した) の場合は dearly を dear に置き換えることはできない. 副詞の direct が使われるのは, 主要部の後ろに置かれ動作や移動の状況を表す場合に限られている. よって, We *went* directly/direct to New York. (私たちは直接ニューヨークに行った) の場合は directly と direct は置き換えができるが, It won't *affect* us directly/*direct. (それは私たちに直接影響しないだろう) や We *live* [directly/*direct opposite the park]. (私たちはその公園の真向かいに住んでいる) の場合は directly を direct に置き換えることはできない. 対照的に, (イギリス英語よりもアメリカ英語で広く使われる) mighty は形容詞と副詞を前から修飾する副詞として用いられる (例：mighty impressive (大いに感銘を与える)). 一方, mightily (非常に) は主に動詞を後ろから修飾する副詞として用いられる (例：He *laboured* mightily against the elements. (彼は悪天候に負けず非常に努力した)). 副詞の slow は移動を表す動詞 (とくに go と drive) としか用いられず, さらに動詞の前には置かれない (例：Don't *go* so slowly/slow. (そんなにゆっくりと行ってはいけない) vs. It *improved* slowly/*slow. (それはゆっくりとよくなった)/They slowly/*slow *moved* away. (彼らはゆっくりと離れて行った)).

(15v) の語は対応する -ly 副詞をもたない (実際には使われなくなった nextly や, hard と late と意味がまったく異なる hardly と lately は除外する). how は伝統文法では形容詞として分析されることはないが, How are you? (お元気ですか) や How was the concert? (コンサートはどうでしたか) のような例では，how は叙述補部として使われているため，形容詞として分析するのが適切である．これら２つの how 疑問文に対する答えとして，I am well.（元気です）や It was excellent.（すばらしかった）のように形容詞が対応することからも，how を形容詞として分析することは妥当である．同様に，however も副詞とされているが形容詞としても分析できる（例：However the weather may be …（天気がどのようであれ …））．さらに，この however には連結付加詞としての用法（「しかしながら」という接続語の意味）もある．

It won't last long.（長くは続かないだろう）のような文においては，副詞の long は時間を表し，「長い時間（a long time）」という意味になる．この long の用いられ方は副詞としてはきわめて例外的であり，副詞でありながら動詞 last の補部としても機能している．このように副詞の long が動詞句内の補部としても機能するのは，take（とる），have（もつ），need（必要とする），spend（過ごす），give（与える）および be 動詞といったいくつかの限られた動詞とともに用いられた場合だけである．

(17) i. a. *Take* as long as you like.（ごゆっくり）
　　　b. You won't *have* very long to wait.
　　　（待ち時間はあまり長くはないでしょう）
　ii. a. How long can you *give* me?
　　　（どのくらい時間をもらえますか）
　　　b. I won't *be* long.（すぐ戻ります）

(17) の下線部の句は機能的には名詞句と似ている．以下の文を比較してみよう．

Take *as much time as* you like.
（好きなだけ時間をとってください）
Take *as long as* you like.（＝(17ia)）

You won't have *more than ten minutes* to wait.
（待つ時間は 10 分もないです）
You won't have *very long* to wait. （＝(17ib)）

How much time can you give me?
（どのくらい時間をもらえますか）
How long can you *give* me? （＝(17iia)）

I won't be *more than ten minutes.*
（10 分以内に戻ります）
I won't be *long*. （＝(17iib)）

しかし，(17) における long は as，very，how などの従属部をともなうことから，名詞ではなく副詞であることは明らかである．さらに，このような副詞の long は，時を表す主語名詞句と置き換えることもできない（例：A long time/*Long had passed since their last meeting.（彼らが最後に会ってから長い時間が過ぎた））．ただし，やや標準的な用法から外れているが，受け身文では，副詞の long が主語になることもある（例：How long was spent on the job?（その仕事にどれくらい時間がかかりましたか））．long が動詞の後ろに置かれる場合，肯定文以外の文で使われる傾向がある．よって，She didn't stay long.（彼女は長く滞在しなかった）は文法的であるが，*She stayed long. は非文となる．一方，long が動詞の前に置かれる場合は（いくぶん改まった言い方であるが）肯定文でも使われる（例：I had long realised that it was dangerous.（それが危険であることは長い間よく理解していた））．

・比較級と最上級の屈折形

形容詞と副詞は，原形のときよりも比較級および最上級の屈折形のときに同じ形で使われる（＝同音異義語になる）ことがいくぶん多くなる．以下の対比をみてみよう．

(18) i. a. *They are singing loud.

b. They are singing louder than usual.

（彼らは普段よりも大きな声で歌っている）

ii. a. *Kim was moving slow.

b. Kim was moving the slowest of them all.

（キムは彼ら全員のなかで一番ゆっくり動いていた）

これに関連して，不規則変化の better と best は形容詞 good と副詞 well の両方の比較級と最上級であり，また，worse と worst は形容詞 bad と副詞 badly の両方の比較級と最上級であることに注意する必要がある．

■ そのほかの単純形の副詞

最後に，接辞をともなわない単純形の副詞についてみていく．単純形の副詞で形容詞と同音異義でないものは多い．そのような単純形の副詞には形容詞以外のほかの品詞と同音異義であるものもある．以下にいくつか例をあげる．

(19) as（同じくらい），but（ほんの），either（その上），else（そのほかに），ever（かつて），least（もっとも少なく），less（より少なく），more（より多く），most（もっとも），no（いいえ），not（～でない），often（しばしば），perhaps（あるいは），please（どうぞ），quite（まったく），rather（いくぶん），seldom（めったに～ない），so（そのように），some（いくぶん），soon（すぐに），though（けれど），thus（このように），too（～もまた），way（はるかに），why（なぜ），yes（はい），yet（まだ）

as big as のような例において，最初の as は副詞であるが，2つ目の（補部を必要とする）as は前置詞である．We can but hope.（ただ願うだけである）のような文では，but は only（～だけ）と同じ意味の副詞であるが，より多くの場合，接続詞（例：old but alert（老いているが機敏である））や前置詞（例：nothing but trouble（厄介なだけ））である．either は連結付加詞として機能するときは副詞である（例：Kim didn't like it either.（キムもまたそれが好きではなかった））が，それ以外の場合は限定詞である．least, less, more, most は分析的比較級および最上級を表すときは副詞である（例：more useful（より役に立つ），most useful（もっとも役に立つ））が，little, much, many の比較級および最上級の屈折形であるときは限定詞である．[7] no は No he isn't.（いいえ，違います）のような文（つまり，Yes he is.（はい，そうです）と対照をなす文）では副詞であるが，no money（お金がない）のような例では限定詞である．限定詞は形容詞などの修飾語にもなることから，It's no *better* than it was.（それは昔よりもよくなっていない）のような文における no も限定詞とみなすことができる（5.1 節の（7）の（b）を参照）．This won't please them.（これは彼らを喜ばさないだろう）のような文では，please はもちろん動詞であるが，Please don't tell anyone.（どうか誰にも話さないでください）や Wait here a moment, please.（ここで少しお待ちください）のような文では，please は付加詞として機能しているため，副詞として再分析される．They had invited some thirty guests.（彼らはおよそ 30 人の客を招待した）という文では，some は「およそ（approximately）」という意味を表す副詞であるが，They had invited some friends over.（彼らは何人かの友人を招待した）という文では，some は限定詞である．また，%She may be oversimplifying some.（彼女は少し簡略化しすぎているのかもしれない）という文における（単独で使われる）some も some friends の some とほぼ同じ意味になることから限定詞とみなすことができる．though は「けれども（however）」の意味で使われるときは副詞である（例：It wasn't very successful, though.（けれども，それはあまり成功しなかった））．そのほかの場合は，though は前置詞で

[7] more（most）や less（least）の詳細に関しては，本シリーズ第 7 巻の『関係詞と比較構文』を参照．

あり，通常，補部として節をとり，although と置き換えられる（例：He couldn't help us, though *he certainly tried.*（彼は確かに試みてくれたが，私たちを助けることはできなかった））．最後に，It was way too big.（それはあまりにも大きすぎた）という文では，way は副詞であるが，Do it this way.（こんな風にやりなさい）という文においては，way はもちろん名詞である．[8]

[8] (19) の else は or（または）の後に続くときは副詞である（例：Hurry up *or* else you'll miss the bus.（急げ！ そうしないとバスに乗れないよ））．しかし，*who* else（ほかに誰）のように疑問詞を後ろから修飾する場合や *something* else than this（これ以外の何か）のように複合限定詞を後ろから修飾する場合には，else は前置詞と考えられる．この点については，本シリーズ第 5 巻の『前置詞と前置詞句，そして否定』を参照．

第 6 章　副詞句の構造

副詞句も形容詞句と同じく，修飾部や補部，もしくはその両方をとることができる．しかし，全体的にみて，副詞は形容詞よりも修飾部や補部をともなわずに使われることが多い．補部をとる副詞は非常に少なく，以下にあげてあるような接尾辞の -ly がつかない副詞の多くは修飾語さえもとらない．

(1)　about（およそ），also（また），but（しかし），either（～かまたは～），
however（しかしながら），moreover（そのうえ），
neither（どちらも～ない），nor（～もまた～ない），perhaps（もしかすると），
please（どうぞ），therefore（それゆえに），though（でも）

6.1　補部化

接尾辞の -ly がつく副詞だけが直接補部をとることができる．よって，それ以外で補部をとることができるものは，前置詞などの副詞以外の範疇に属することになる．[1]

[1] この点に関する詳細は本シリーズ第 5 巻の『前置詞と前置詞句，そして否定』を参照．

■前置詞句

副詞句の直接補部はほとんどの場合が前置詞句である．つぎの例をみてみよう（[　] 内は副詞句であり，二重下線は主要部の副詞を，下線は副詞がとる前置詞を表している．また，例文の文頭にある % は「ある方言でのみ文法的」ということを表す）．

(2) i. The subsidiary is today operating [almost entirely separately from the rest of the company].
(その子会社は今日，会社のほかの部署とほとんど完全に独立して操業している)

ii. The duel solves disputes [independently of abstract principles of justice].
(決闘は観念的な正義の原則とは関係なく紛争を解決する)

iii. We should make our decision [independently of whether we plan to take immediate action to implement it].
(我々は，それを実行する行動をすぐに起こす計画があるかどうかにかかわらず，決断しなければならない)

iv. Purchase of State vehicles is handled [similarly to all State purchases].
(国の乗り物の購入はすべての国の購入物と同じように扱われる)

v. Foreign firms in US markets are treated [equally with their US counterparts].
(アメリカ市場の外国企業は国内企業と同じように扱われる)

vi. %There were some people who reacted [differently than you did].
(あなたとは異なった反応を示す人々もいた)

前置詞の補部は通常，名詞句であるが，(2iii) の independently of のように疑問節をとったり，(2vi) の differently than のように比較節をとったりすることもある．また，differently は than のほかに from や to もとり，independently は of のほかに from もとる．[2]

(2) のような文は，副詞の後ろに続く前置詞句が動詞から離れた位置で動詞の従属部となっている (3) のような文とは区別されなければならない．

(3) The two plaintiffs' lawyers also dissented [separately] from most of the major recommendations in the report.
(2 人の原告の弁護士たちもその報告書の主たる提案のほとんどの部分に対して，各々反対を示した)

(2i) と (3) はともに副詞 separately の直後に from 句が続いているが，(2i) の from 句は副詞 separately の補部 (separately from ～「～から離れて」) であるのに対して，(3) の from 句は動詞 dissent の補部 (dissent from ～「～に反対する」) である (なお，(2i) の動詞 operate はそもそも from 句を補部としてとれないことに注意)．

(2) で副詞がとる補部は，副詞のもととなる (＝接尾辞の -ly がつく前の) 形容詞がとる補部と同じである．以下を比べてみよう．

- The subsidiary is today operating [almost entirely separately from the rest of the company]. (＝(2i))　[副詞句]
- The subsidiary is [separate from the rest of the company].　[形容詞句]
(その子会社は会社のほかの部署から独立している)

- The duel solves disputes [independently of abstract principles of justice]. (＝(2ii))　[副詞句]
- Neither part is [independent of the other].　[形容詞句]
(どちらのパーツもお互いに独立していない)

[2] この点に関しては本シリーズ第 7 巻の『関係詞と比較構文』を参照．

· We should make our decision [independently of whether we plan to take immediate action to implement it]. (=((2iii))　　**[副詞句]**

· This condition is [independent of how much experience the candidate has had].　　**[形容詞句]**

(この条件は候補者がどれくらい経験をもっているかとは無関係である)

しかし，(2) のように形容詞がとる補部をそのまま引き継ぐ副詞は限られている．そもそも前置詞をとる副詞自体が非常に限られており，(2) のほかには以下にあげる副詞くらいしかない．

(4) i. to をとる副詞：
analogously (類似して), comparably (同等に),
identically (同様に), similarly (同様に)

ii. with をとる副詞：
concomitantly (付随して), concurrently (同時に),
consistently (矛盾なく), simultaneously (同時に)

for 前置詞句

しかしながら，比較的よく副詞の補部として使われる前置詞句がある．それは，話者の判断を表す副詞の補部として使われる for 前置詞句である．

(5) i. [Fortunately for me,] my mother was unusually liberal-minded.
(僕にとって幸いだったのは，母がいつになく寛大だったことだ)

ii. [Luckily for them,] Mr Keswick decided not to call their bluff.
(彼らにとって幸運なことに，ケズウィックさんは彼らのはったりを暴こうとしなかった)

iii. [Happily for the middle class,] the workers hate pointy-headed intellectuals.
(中流階級にとって幸運なことに，労働者はインテリの知識人を嫌って

いる）

ここで注意すべきことは，形容詞の fortunate と lucky は（5i）の fortunately や（5ii）の luckily と同じように for 前置詞句を補部にとるが，形容詞の happy は（5iii）の happily のように for 前置詞句を補部にとらないということである．よって，Happily for him, it failed.（彼にとって幸運なことに，それは失敗に終わった）という文は，形容詞の happy を使って *Its failure was happy for him. と言い換えることはできない．この場合，副詞の happily はだいたい「幸運なことに（luckily）」という意味を表し，その意味に合う補部をとるが，形容詞の happy にはそのような意味はない（ただし，a happy coincidence（幸運な偶然の一致）のようないくつかの「例外」はある）．for 前置詞句を補部にとるほかの副詞としては，（5）の副詞に否定を表す un をつけた unfortunately, unluckily, unhappily（すべて「不運にも」という意味）や以下のようなものがある．

（6）　annoyingly（うるさいことに），comfortingly（励みになることに），encouragingly（励みになることに），gratifyingly（満足なことに），humiliatingly（屈辱的なことに），pleasantly（愉快なことに），pleasingly（愉快なことに），rewardingly（有益なことに），satisfyingly（満足なことに），thankfully（ありがたいことに）

これらの副詞のもととなる形容詞は，出来事に対する受け手の人間の心理的な反応，判断，態度を表すが，補部の for 前置詞句にはそのような感情や態度を示す人（つまり，**経験者（experiencer）**）がくる．

■節

多くの形容詞が補部に節をとるが，この特性は副詞には引き継がれない．たとえば，形容詞の場合は eager to please（（人を）喜ばせたがっている）のような to 不定詞節や furious that he had lost（彼が負けたことに激怒している）のような that 節を補部にとることができるが，副詞の場合はできない（例：*eagerly to please/*furiously that he had lost）．しかし，directly と immediately の 2 つの副詞は**断定内容をもつ節（declarative content clause）**を補部にとることができる（ただし，形容詞の direct と immediate は補部に節をとらない）．つぎの例をみてみよう．

(7) i. He came to see me [directly he got the letter].
(彼は手紙を受け取るとすぐに，私に会いにきた)
ii. You can watch the programme, but [immediately it's over] you're to go to bed.
(その番組をみてもいいが，終わったらすぐに寝なさい)

■間接補部

副詞句は間接補部をとることがある．間接補部というのは，主要部の副詞によってではなく，修飾語や比較級の屈折（-er）などによって間接的に認可される節や前置詞句のことである．つぎの例にみられる補部の間接的な認可の仕方は，第 3 章の（32）の形容詞句の場合と同じである．

(8) i. He didn't read it [as carefully as he should have done].
(彼はもっと注意深く読むべきであったが，そうしなかった)
ii. She works [harder than he does].
(彼女は彼よりも一生懸命働く)
iii. She spoke [so softly that I couldn't make out what she said].
(彼女は非常に静かに話したので，何といってるのかわからなかった)
iv. He had read the paper [too hurriedly to be able to see its shortcomings].
(彼はその論文を非常に急いで読んだので，欠点に気づくことができなかった)

(32) の例と同じく，下線が間接補部であり，二重下線がその間接補部を認可している修飾語や屈折辞である．

6.2　修飾

副詞句内の修飾は 3.2 節でみた形容詞句内の修飾と非常に似ているため，以下ではポイントのみを簡潔に述べる．

■積み重ね修飾と下位修飾

形容詞句にみられる統語構造上の区別が副詞句にもみられる．

(9) i. She loses her temper [only very rarely]. [積み重ね修飾]
(彼女はごくまれにしか怒らない)

ii. They had sung [quite remarkably well]. [下位修飾]
(彼らはきわめてうまく歌った)

(9i) では，very は rarely を修飾し，only が very rarely を修飾している．一方，(9ii) では quite は remarkably を修飾し，quite remarkably が well を修飾している．ここで注意すべきことは，(9) の下線部の副詞句は両方とも [ ] で囲まれたより大きな副詞句に含まれているということである．ただし，(9i) の very rarely はより大きな副詞句の主要部として機能しているため積み重ね修飾になるが，(9ii) の quite remarkably は修飾部として機能しているため下位修飾になる．両者の構造を示すとつぎのようになる．

(9i) の副詞句の積み重ね修飾

副詞句
修飾部：副詞 ― only
主要部：副詞句
　修飾部：副詞 ― very
　主要部：副詞 ― rarely

(9ii) の副詞句の下位修飾

副詞句
修飾部：副詞句
　修飾部：副詞 ― quite
　主要部：副詞 ― remarkably
主要部：副詞 ― well

当然のことながら，(9) の２つの副詞句の構造は形容詞句の積み重ね修飾の構造とは区別される．たとえば，This is a [generally highly competitive] market.（これは概して非常に競争の激しい市場だ）という文の [　] で囲まれた形容詞句では，副詞の highly が形容詞の competitive を修飾し，その結果 highly competitive という形容詞句ができる．さらに，その形容詞句を副詞の generally が修飾しているため，以下の積み重ね修飾の構造になる（3.2 節の (35a) の図を参照）．

形容詞句の積み重ね修飾

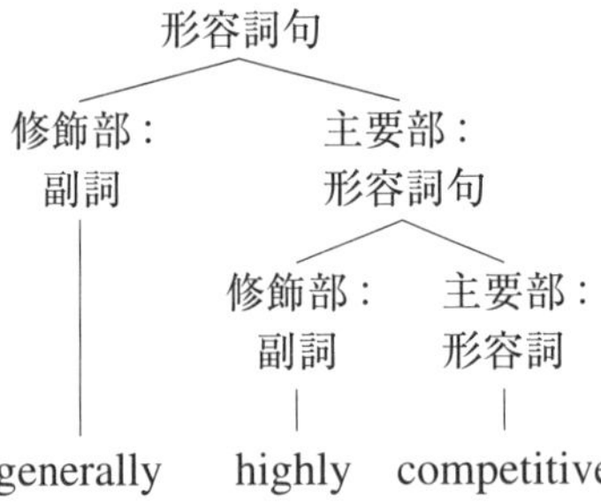

上の図にあるように，形容詞句の [generally highly competitive] では，generally と highly の２つの副詞が連続しているが，両者は (9ii) の quite remarkably とは異なり，副詞句にはならない．さらに，generally と highly の２つの副詞は (9i) の only very とは異なり，上位にあるより大きな副詞

句に含まれているわけでもない．

■ 修飾部のカテゴリー

副詞句の修飾部には形容詞句の修飾部と同じカテゴリーのものが現れる．たとえば，形容詞句と同じく副詞句においても最上級の場合だけ修飾部に関係節がくる（例：She ran [the fastest she had ever run].（彼女はこれまで走ったなかで一番速く走った））．以下では，節を除いた残りのカテゴリーについて簡単にみていく．

① 副詞句

上の (9) にあるように，通常，副詞を修飾するのは副詞であり，接尾辞の -ly がつく副詞（-ly 副詞）はほかの -ly 副詞を修飾することができる．

(10) i. They are fairly evenly matched.
（彼らは本当に力が均衡している）
ii. He reads surprisingly slowly.
（彼は驚くほどゆっくり読む）
iii. They had done the job really incredibly meticulously.
（彼らは実に信じられないくらい慎重に仕事をした）

しかし，-ly 副詞が複数重なるのは文体的に「不格好」ととられる恐れがあり，文章チェックを受けた文においては，-ly 副詞が 3 つ以上続くのは避けられる傾向にある．よって，practically totally incomprehensibly（事実上まったく包括的ではなく）のような副詞句は文法的にはまったく問題ないが，編集された読み物においてはほとんど使われることがない．

副詞を修飾する副詞は通常，程度を表すか，(9i) の only のように焦点を当てるものになる．よって，そのような副詞は形容詞句（とくに限定用法の形容詞句）に現れる副詞に比べ意味的に限定される．たとえば，his [occasionally intemperate] remarks（彼の時折乱暴な発言）のように，頻度を表す副詞の occasionally が形容詞の intemperate を修飾することはできるが，occasionally intemperately という副詞句は許されない．もし，He spoke occasionally intemperately.（彼は時折，乱暴に話した）のように occasionally と intemperately が続けて使われた場合は，動詞 spoke を別々に修飾する副詞になる．この場合，occasionally intemperately と続けるよりも，occasionally を動詞 spoke の前において He occasionally spoke intemperately. とするほうがずっと自然である．

② 限定詞

副詞句に現れる限定詞の種類は形容詞句の場合と同じである．

(11) i. The bigger it is, [the sooner] it disintegrates. [**the**]
(大きければ大きいほど，すぐに崩壊する)

ii. I hadn't expected to be able to do it [this easily]. [**this**]
(私はこんなに簡単にできるとは思っていかなった)

iii. I'm afraid we didn't do [all that well]. [**that**]
(私たちはそれほどうまくやれなかったと思う)

iv. She can run [much faster than me]. [**much**]
(彼女は私よりもはるかに速く走ることができる)

v. They had performed [little better than the previous time]. [**little**]
(彼らは前回よりも少しもよくなかった)

vi. I had [no sooner] got into bed than the phone rang. [**no**]
(私がベッドに入るとすぐに電話が鳴った)

vii. She doesn't seem to have grown [any less] extravagant. [**any**]
(彼女はまったく浪費癖が治っていないようだ)

viii. He had answered [a little indiscreetly]. [**a little**]
(彼はすこし軽率に答えた)

ix. You didn't express yourself [clearly enough]. [**enough**]

（きみは自分の考えを十分明確に伝えなかった）

x. They had begun [all enthusiastically]. [**all**]

（彼らはすっかり熱狂的に始めた）

too を修飾する場合には，限定詞の no は none という形になることに注意する必要がある（例：It was [none too] successful.（あまりうまくいかなかった））．

③ 名詞句

（12） i. We arrived [three hours late].

（私たちは 3 時間遅れで到着した）

ii. He works [a great deal harder than he used to].

（彼は以前よりもずっと一生懸命働いている）

iii. Things are moving [a bit slowly].

（物事が少しゆっくり動いている）

iv. She died [later that morning].（彼女はその朝遅くに亡くなった）

単位を表す句（measure phrase）を修飾要素としてとる副詞は形容詞に比べ非常に限られている．そのような修飾語句は early や late とともに使われたり，soon を主要部とする句のなかで使われたりする（例：two hours sooner（2 時間早く），a day too soon（1 日早すぎる）（ただし，*a week soon とはいえない））．（12iv）では名詞句の that morning が後ろから主要部の副詞 later を修飾しているが，このような名詞句による後置修飾は形容詞句にはない．（12iv）の名詞句による後置修飾は twice a week（週に 2 回）のような表現と似ている．[3]

---

[3] twice a week のような表現では，後置修飾の名詞句には不定冠詞の a が使われ，「1 週間ごとに」という分配的な意味になる．このことは，文脈によっては分配的な意味を表す each（それぞれ）が使われることからも明らかである．

④ 前置詞句

(13) i. They had behaved [badly in the extreme].
(彼らの行動は極度に悪かった)

ii. [Later in the day] the situation had improved slightly.
(その日のうちに，状況が少しよくなった)

iii. [Increasingly of late,] one of the latter varieties may dominate, particularly merlot.
(近ごろますます，最近の品種のうちの1つ，とくにメルロー（ワイン用ブドウ品種）が優位を占めているかもしれない)

副詞句は前置詞句を後置修飾としてとることが形容詞句ほど多くはないが可能である．(13ii) では，later が主要部であると考えられる．その根拠として，(13ii) は Later in the day を Later だけにしても文として成り立つが，Later を省略した ?In the day the situation had improved slightly. は不自然であることがあげられる．同じように，(12iv) の She died later that morning. も later だけを用いて She died later. としても文として成り立つため，later が主要部であると考えられる（ただし，この場合は that morning だけでも文として成り立つ）．(13iii) の慣用句的な of late は Increasingly の直後に置かれ，Increasingly of late で後続する部分と区切って発音されるため，動詞 dominate を離れた位置から修飾しているというよりも，副詞の increasingly を修飾していると考えられる．

(i) a. [How many hours a day] do you work?
b. How many hours do you work each day?
(1日に何時間働きますか)

また，形式ばった言い方では「per＋裸名詞」という前置詞句が使われるが，この場合だけ複数重ねることができる．

(ii) The cost is $200 per person per week.
(費用は1週間ごとに，1人200ドルかかる)

この点に関しては本シリーズ第3巻の『名詞と名詞句』を参照．

第7章　副詞句の統語的振る舞い

副詞句はほとんどの場合，修飾語か補足的要素として機能する．しかし，つぎにあげるように，ごく少数の動詞や前置詞の補部になる場合もある（(1) の二重下線部は主要部を表し，下線部は補部を表す）．

(1) i. You'll have [to word your reply very carefully].
(あなたは非常に注意深くことばを選んで返答する必要があるだろう)

ii. It is now only occasionally that they travel interstate.
(ほんの時折，彼らは別の州に旅行する)

iii. I didn't hear about it [until recently].
(最近になってはじめてそのことを聞いた)

iv. There's no way they can treat us [except leniently].
(彼らは我々を寛大に扱う以外に方法はない)

(1i) の動詞 word（ことばを選んで表現する）のほかに，phrase（表現する），treat（扱う），そして behave（振る舞う）などの少数の動詞は，**様態を表す句 (manner phrase)** を義務的にとるのでそれは補部だといえる．また，副詞句は (1ii) の分裂文にみられるように，焦点となる要素を指定（特定）する be 動詞の補部になることもある（be 動詞の指定的な意味については，4.1 節の注

2を参照). また, (1iii–iv) にみられるように, 前置詞の補部として機能する副詞句も少数ではあるが存在する.[1]

この章では, まず7.1節で副詞句が置かれる**文中での位置** (**linear position**) についてとり上げる. つぎに, 7.2節で形容詞や副詞の修飾語として使われる副詞について考察する. 最後に, 7.3節で**焦点化を表す修飾語** (**focusing modifier**) として使われる副詞について扱う.[2]

7.1　節構造における副詞句の位置

■前部位置, 後部位置, 中央部位置

副詞などの付加詞が現れる主要な位置は3つある.[3]

① **前部位置** (front position)

主語の前

---

[1] (1) のように副詞が補部として機能する例としては, 5.2節の (17) でみた副詞の long の例もあげられる. つぎの (i) (= (17ib)) では, long を主要部とする句 (very long) が動詞 have の補部として機能している.

(i)　You won't *have* very long to wait.
(待ち時間はあまり長くはないでしょう)

また, (1iv) の except の場合, 補部の副詞 leniently は except によって認可されているというよりも, 主節 (matrix clause) に認可されているといえる. つまり, (1iv) では主節の way they can treat us (彼らが私たちを扱う方法) がその扱い方を表す副詞の leniently を認可している. このような補部は**主節認可補部** (**matrix-licensed complement**) とよばれる. 主節認可補部の詳細に関しては, 本シリーズ第5巻の『前置詞と前置詞句, そして否定』を参照.

[2] 付加詞 (修飾語や補足的要素) は**様態** (**manner**), **手段** (**means**), **頻度** (**frequency**), **目的** (**purpose**), **条件** (**condition**) といったさまざまな意味的タイプに分けられるが, そのような意味カテゴリーは副詞句以外のほかのカテゴリー, とくに前置詞句によっても表される. そのため, 付加詞として使われる副詞に関しては, 本シリーズ第2巻の『補部となる節, 付加部となる節』で詳細に扱う. また, 名詞句の [almost the same conclusion as us] (私たちとほとんど同じ結論) にある almost のような名詞句内の副詞的修飾語に関しては, 本シリーズ第3巻の『名詞と名詞句』で詳細に扱う.

[3] この点に関する詳細は, 本シリーズ第2巻の『補部となる節, 付加部となる節』を参照.

② **後部位置** (end position)

動詞の後ろ，および，動詞の従属部（補部など）の後ろ，または句や文の最後

③ **中央部位置** (central position)

主語と動詞の間．助動詞がある場合は主語と助動詞の間の場合もあるが，より多くの場合，助動詞の直後（したがって，この場合は後部位置との区別は必ずしも明確ではない．）

(2) に示すように，たとえば副詞の happily は上の 3 つの位置に置かれ，その位置によって評価あるいは様態を表す付加詞となる．

(2)		意味タイプ	位置
i.	Happily, they watched TV until dinner. （幸いにも，彼らは夕食までテレビをみていた）	評価	前部
ii.	They happily watched TV until dinner. （彼らは夕食まで楽しくテレビをみていた）	様態	中央部
iii.	They watched TV happily until dinner. （同上）	様態	後部
iv.	They watched TV until dinner happily. （同上）	様態	後部

目的語がない場合は，副詞句を動詞の直後に置くことができる（例：They watched happily until dinner.）が，(2) のように目的語がある場合は副詞句を動詞の直後に置くことができない（例：*They watched happily TV until dinner.）．これは，「主要部が補部に目的語名詞句をとる場合，両者を分離させてはいけない」という一般的な制約からきている（ただし，補部が重名詞句のため後置される場合は除く）．[4]

[4] この点に関しては，2.2 節の「enough の位置」でも述べている．つぎの (i)（＝2.2 節の (22iiia)）をみてみよう．

助動詞の直後に置かれる付加詞は，構造的に助動詞が主要部である節に属する場合もあれば，助動詞の補部である非定形節に属する場合もある.[5] つぎの例をみてみよう.

(3) i. I would frankly [want a lot more money than that for it]. **[発話行為関連]**
(率直にいうと，それに対してはその金額よりももっと多くのお金がほしい)

ii. I would [frankly explain to him what the position was]. **[様態]**
(彼にどのような職位かを率直に説明する)

したがって，probably（おそらく）のような話者の判断などの**法性を表す付加詞（modality adjunct）**と contentedly（満足そうに）のような**様態を表す付加詞（manner adjunct）**とでは，置かれる位置に違いがありうることに注意する必要がある．前者は上位の節内に置かれ，後者は基本的には動詞句内に置かれる.

(4)

		意味タイプ	位置
i. a.	Probably they would watch TV for hours. (おそらく彼らは何時間もテレビをみているだろう)	法性	前部
b.	They probably would watch TV for hours.	法性	助動詞の前

(i) *He doesn't [like *enough* the idea].
(cf. He doesn't [like the idea *enough*]. (= (22iiib))
(彼はその考えを十分気に入っていない))

(i) は，主要部である動詞 like とその補部である目的語名詞句 the idea の間に enough が介在しているため非文となる．なお，重名詞句の後置に関しては，2.2 節の注 8 を参照.

[5] 本シリーズでは，非定形節を補部にとる would のような助動詞を**連鎖助動詞 (catenative auxiliary verb)** と分析している．この分析に基づくと，would watch TV では，would は非定形節の watch TV を補部にとっていることになるため，助動詞の would も動詞の watch もともに（それぞれの節の）主要部であることになる．この連鎖助動詞に関する詳細は，本シリーズ第 1 巻の『動詞と非定形節，そして動詞を欠いた節』を参照.

（同上）

c. They would probably watch TV for hours. **法性** **助動詞の後**

（同上）

ii. a. ?Contentedly they would watch TV for hours. **様態** **前部**

b. ?They contentedly would watch TV for hours. **様態** **助動詞の前**

c. They would contentedly watch TV for hours. **様態** **助動詞の後**

（彼らは満足そうに何時間もテレビをみていたものだ）

d. They would watch TV contentedly for hours. **様態** **後部**

（同上）

e. They would watch TV for hours contentedly. **様態** **後部**

（同上）

■動詞句指向の副詞句付加詞と節指向の副詞句付加詞

法性を表す副詞の probably は動詞句というよりも，むしろ節全体を修飾している．一方，様態を表す副詞の contentedly は節というよりも動詞句を修飾している．本節では，動詞句を修飾する「**動詞句指向の付加詞（VP-oriented adjunct）**」と節全体を修飾する「**節指向の付加詞（clause-oriented adjunct）**」という 2 つの主要な区別に基づき，副詞句が置かれる位置に関する一般化を試みる．[6]

（5）**動詞句指向の付加詞**

i. **様態** She walked unsteadily to the door.

（彼女はふらつきながらドアまで歩いた）

ii. **手段・道具** Planets can be detected radio-telescopically.

（惑星は電波望遠鏡によって発見できる）

iii. **行為関連** They deliberately kept us waiting.

---

[6] この 2 つの区別は，「法性」や「様態」以外の意味的タイプの副詞にも当てはまる．この点に関する詳細は，本シリーズ第 2 巻の『補部となる節，付加部となる節』を参照．

（彼らは故意に我々を待たせ続けた）

iv. **程度** The share price has increased enormously.

（株価が大幅に上昇した）

v. **時間的位置** She subsequently left town.

（彼女はその後，町を去った）

vi. **期間** We were staying in a motel temporarily.

（我々は一時的にモーテルに滞在していた）

vii. **相** Some of the guests are already here.

（客の何人かはすでにきている）

viii. **頻度** Do you come here often?

（ここにはよくきますか）

ix. **順序** The play was next performed in 1901.

（その演劇はつぎに 1901 年に上演された）

(6) **節指向の付加詞**

i. **領域** Politically, the country is always turbulent.

（政治的には，その国は常に混乱している）

ii. **法性** This is necessarily rather rare.

（これは必然的にかなり稀である）

iii. **評価** Fortunately, this did not happen.

（幸運なことに，これは起こらなかった）

iv. **発話行為関連** Frankly, I'm just not interested.

（率直にいうと，興味がないだけです）

v. **連結** Moreover, he didn't even apologize.

（その上，彼は謝りさえしなかった）

付加詞の位置および順序に関しては，ややおおまかでだいたいそうなっているという一般化のみ可能である．というのも，付加詞の使用は非常に多岐にわたっており，文脈，文体，韻律，および音調などさまざまな要因が関係してくるからである．しかし，(5) および (6) にあげる付加詞のタイプの区別によって，有益な一般的なルールを導き出すことができる．この一般化は 2 つに分けられ，つぎのようにまとめられる．

(7) i. 動詞句指向の付加詞として機能する副詞句は，動詞句内の構成要素とより密接に関連し，動詞句内あるいは動詞句に隣接する位置に置かれることが多い．

ii. 節指向の付加詞として機能する副詞句は，動詞句内の構成要素との結びつきが弱く，動詞句内あるいは動詞句に隣接する位置に置かれることは少ない．

副詞句の位置に関する (7i) の記述は，動詞句指向の付加詞が節の述語を詳細に修飾するという意味的観察と関連する．たとえば，もし述語が行為の意味を表す場合，動詞句指向の付加詞はその行為がどのように行われたか，どれだけの時間がかかったか，どのくらい遂行されたか，あるいはほかの行為と関連してどのような順序で行われたかといったことを特定する傾向がある．

また，(7ii) に関連する意味的観察もある．それは，節指向の付加詞は節の内容に対して修飾を行うというものである．つまり，これらの付加詞は節の表す命題内容が現実世界や用いられている文脈とどのように関連しているかを意味的に特徴付けている．具体的には，その命題内容が談話のどの範囲まで当てはまるのか（領域），その命題内容はどの程度本当なのか（法性），その命題内容はよいのか悪いのか（評価），あるいは，その命題内容に対して話者はどう思っているのか（発話行為関連）といったことを表す．このように，節を修飾する付加詞は命題内容をより「外」から意味的に修飾しているのである．

これまでの統語的・意味的観察から，文中における付加詞の位置が節の中心である述語と近ければ近いほど，両者は意味的にもより密接である傾向があるといえる．

■付加詞の修飾対象と位置

前部位置は動詞句からもっとも離れた位置であり，中央部位置はそれよりも動詞句に近く，そして後部位置は動詞句内あるいは動詞句に隣接する位置にあることを考慮すれば，(7) のおおまかな一般化は副詞句の位置についてのより詳細な基準になる．まず，節指向の付加詞は前部位置に置かれることが多く，動詞句指向の付加詞は後部位置に置かれる場合が多い．節指向の付加詞が助動詞前の中央部位置に置かれることもあるが，前部位置に比べると一般的ではない．一方，助動詞の後ろの中央部位置には節指向の付加詞も動詞句指向の付加詞もともに置くことができる．というのも，この位置に関しては，節を修飾するか動詞句を修飾するかが曖昧だからである．

以上のことから，もし節を修飾する副詞句と動詞句を修飾する副詞句の両方が中央部位置に置かれた場合，[節を修飾する副詞句 – 動詞句を修飾する副詞句] という順番になることになる．もしそうでなければ，意図された意味とは異なるか，あるいは不自然な意味になる．

(8) i. a. They had luckily already left.
(彼らは幸運にもすでに出発していた)
b. ?They had already luckily left.
ii. a. It probably sometimes fails.
(それはおそらく時々失敗する)
b. ?It sometimes probably fails.

(8) の (b) の例は完全に容認されるわけではない．(8ib) では相を表す付加詞 (already) が評価を表す付加詞 (luckily) の前に位置しており，(8iib) では頻度を表す付加詞 (sometimes) が法性を表す付加詞 (probably) の前に置かれている．両者ともに，節指向の付加詞が動詞句指向の付加詞よりも動詞に近い位置に置かれているため，容認度が下がる．

■音律上の分離と副詞句の位置

付加詞は 3 つの基本的な位置（前部位置，中央部位置，後部位置）のどこに置かれていたとしても，音律上分離されることがある．つまり，音調（イントネーション）上の句の境界線によって，節内のほかの要素から分離される．この場合，付加詞は補足的要素となるため，修飾語が節構造内に統合されるのとは異なり，節構造内には統合されない.[7] 書き言葉においては，**補足的付加詞（supplementary adjunct）**は主にカンマなどの句読点によってしばしば分離されるが，この点に関しては非常に多くのバリエーションがあり，そのようなカンマをとりわけ多用する書き手もいることに注意する必要がある．しかし，以下の用例では，音律上分離されているかどうかをカンマの使用の有無によって体系的に示している．

音律上の分離（prosodic detachment）は，それぞれの意味的タイプの付加詞が通常置かれない位置に置かれる場合により多くみられ，より適切となる．したがって，たとえば，もし動詞句指向の手段を表す付加詞が（節指向の付加詞が通常置かれる）前部位置に置かれた場合や，あるいは節指向の発話行為関連の付加詞が（動詞句指向の付加詞が通常置かれる）後部位置に置かれた場合は，音律上分離される必要がある．

(9) i. a ?Statistically, we analysed it.（統計的に，我々はそれを分析した）
　　b. *Statistically we analysed it.
ii. a. ?Are you a spy, honestly?（正直，あなたはスパイですか）
　　b. *Are you a spy honestly?

(9) の (a) の例は完全に容認されるわけではないが，音調的な休止によって副詞と節のほかの要素が分離されているため，副詞が音調的に区切られず節内に統合されている (9) の (b) の例よりも容認度は高い．

---

[7] **補足（supplementation）**に関する詳細は，本シリーズ第 8 巻の『接続詞と句読法』を参照．

前部位置の付加詞が音律上分離されることはとくに自然である．中央部位置の付加詞が音律上分離される場合は，その付加詞が挿入句的に使用されていることを表すため，前部位置あるいは後部位置に置かれるほうがより普通である．

音律上の分離に関して，節指向の付加詞と動詞句指向の付加詞には違いがみられる．ただし，この違いを示す場合，話し言葉における音調（イントネーション）や書き言葉におけるカンマの使用の両方において（個人差などによる）ばらつきがかなりみられることを考慮して，好まれない例にはアステリスク（*）ではなくクエスチョンマーク（?）をつける．以下に関連する一般化（＝(10)）とその用例（＝(11) および (12)）を示す．

(10) i. 動詞句指向の付加詞

a. 動詞句指向の付加詞は後部位置に置かれることが多く，その場合，音律上の分離は通常行われない．ただし，様態を表す付加詞を，一種の追加情報として節内のほかの要素から離して示す場合は，例外的に音律上の分離が行われる．［(11iv) 参照］

b. 動詞句指向の付加詞は中央部位置（助動詞がある場合は時制をもつ助動詞の後ろ）に置かれることもある．とくに，中央部位置に置くことによってその付加詞が意味的に関連する動詞句内の動詞に隣接する場合は，第 2 の助動詞によって動詞から分離されてしまう場合よりも，中央部位置に置かれる．この場合，音律上の分離は通常行われないが，もし音律上分離されている場合は，その付加詞が挿入的に用いられていることを表している．［(11iii) 参照］

c. 動詞句指向の付加詞が前部位置に置かれることはきわめて稀であり，もし前部位置に置かれる場合は通常，音律上の分離が必要となる．［(11i) 参照］

ii. 節指向の付加詞

a. 節指向の付加詞は前部位置に置かれる傾向があり，通常は音律上分離される．[(12i) 参照]

b. 節指向の付加詞は中央部位置（助動詞がある場合により好まれるのは助動詞の後ろ）に置かれることもあり，その場合は音律上分離されるほうが好まれる．[(12ii) および (12iii) 参照]

c. 節指向の付加詞は音律上分離されない限り，後部位置に置かれることはきわめて不自然である．[(12iv) 参照]

(11) **動詞句指向の付加詞（様態）**

i. a. ?Expertly, Chris had repaired it.

b. ?Expertly Chris had repaired it.

ii. a. Chris, expertly, had repaired it.

（クリスは上手にそれを修理していた）

b. ?Chris expertly had repaired it.

iii. a. Chris had, expertly, repaired it.

b. Chris had expertly repaired it.

iv. a. Chris had repaired it, expertly.

b. Chris had repaired it expertly.

(12) **節指向の付加詞（評価）**

i. a. Luckily, Chris had forgotten it.

（幸いなことに，クリスはそれを忘れていた）

b. Luckily Chris had forgotten it.

ii. a. Chris, luckily, had forgotten it.

b. ?Chris luckily had forgotten it.

iii. a. Chris had, luckily, forgotten it.

b. Chris had luckily forgotten it.

iv. a. Chris had forgotten it, luckily.

b. *Chris had forgotten it luckily.

(11i) の 2 つの例の文頭に ? がついているように，様態を表す付加詞は前部位置には通常置かれないが，文脈によってはこのような文も見受けられる．とくに，ある行為がどのように行われたかという様態が文脈において非常に重要である場合に，様態を表す付加詞が前部位置に置かれることがある（例: Smoothly the boat slid down the ramp into the water.（ボートは進水斜路をなめらかにすべり水中に入った）．同様に，(11iib) は様態を表す付加詞の expertly（上手に）が，音律上分離されない場合には通常置かれない中央部位置に置かれているが，このような文は決して容認されないと決めてかかるべきではない．同様に，(12iib) のような文も決して容認されないわけではない（たとえば，We fortunately hadn't gone very far.（私たちは幸運にもそれほど遠くまで行ってなかった）という文は (12iib) と同じ文構造をしているが適格である）．しかし，(12ivb) は非文法的と判断して差し支えないであろう．

■副詞の意味タイプと容認される文中での位置

副詞句が文中のどの位置に置かれると完全に容認されるか，あるいは文脈などによっては容認されるかを概観的に示すために，付加詞が置かれる可能性がある位置とその際の容認性をつぎのようなマークを用いて示す．

✓： 容認される位置
?： 可能であるが好まれない（完全には容認されない）位置
*： 完全に非文法的，あるいは（別の解釈が想定されるため）非文法的とみなせるほど，容認されない位置

なお，これらのマークは，付加詞が音律上分離されず節内に統合されている場合の解釈における容認性を表している．具体例を示すと，様態を表す付加詞 frankly（率直に）を Chris won't talk about it.（クリスはそれについて話さないだろう）という文中に置いた場合の容認性は (13) のように表記される．(14) は (13) が表す内容を説明したものである．

(13)　frankly　**様態**　$_{*}$Chris $_{*}$won't $_{✓}$talk $_{✓}$about it $_{✓}$

(14)　i. Frankly Chris won't talk about it. と Chris frankly won't talk about it. は，どちらの場合も frankly を様態の付加詞として解釈することはできない（どちらの場合も frankly は「率直にいって」といった発話行為関連の解釈となる）．

ii. Chris won't frankly talk about it. と Chris won't talk frankly about it. と Chris won't talk about it frankly. はどれも完全に容認され，frankly が様態の付加詞として解釈される．

(13) の about と it の間には何のマークもつけていない．これは，両者が構造上別々のものではなく，どのような付加詞も両者の間に置かれることがないからである．

以下では，上の (5) と (6) にあげた各タイプの付加詞がそれぞれ節中のどこに典型的に置かれるかをまとめる．

・様態・手段・道具を表す副詞

(15)　i. erratically　**様態**　$_{*}$Bill $_{*}$would $_{✓}$stagger $_{✓}$around $_{✓}$
（突拍子もなく）　（ビルはよろよろと歩き回るだろう）

ii. arithmetically　**手段**　$_{*}$it $_{*}$was $_{✓}$established $_{✓}$today $_{✓}$
（算術的に）　（それは今日立証された）

様態，手段，道具を表す付加詞は，通常，それらが修飾する動詞が主要部である動詞句内に置かれなければならない．そのため，後部位置か中央部位置に置かれるが，後部位置のほうが好まれる．様態を表す付加詞は文頭に前置されることもある（例：Erratically he staggered across the room.（突拍子もなく彼は部屋の向こう側へよろよろと歩いて行った））かもしれないが，決して一

般的なことではない.[8]

・行為関連を表す副詞

(16) **行為関連**

foolishly (**主観**) ✓she ✓has ✓gone * to the police *
(愚かにも) (彼女は警察に行った)

deliberately (**意図**) ? they ? were ✓ delaying ✓
(わざと) (彼らはぐずぐずしていた)

行為関連の付加詞のなかで，話者の主観を表す下位タイプの副詞（carefully（注意深く），foolishly（愚かにも），rudely（無作法に），wisely（賢明に）など）は，前部位置あるいは中央部位置に置かれる．後部位置に置くことが可能なのは，音律上分離される場合のみである．話者の意図を表す下位タイプの副詞（deliberately（わざと），intentionally（意図的に）など）は，中央部位置（助動詞がある場合には助動詞の後ろ）に置くことが好まれる．また，後部位置に置くことも可能である．

・程度を表す副詞

(17) i. almost **程度** * I ✓ died *
(ほとんど) (私は死んだ)

ii. thoroughly **程度** * I ✓ agree * with you ✓
(完全に) (私はあなたに同意する)

程度を表す副詞は語によって置かれる位置に関して重要な違いがみられる.

---

[8] 20 世紀以前の英語では，様態を表す付加詞は主語と助動詞の倒置をともなって文頭に置くことも可能であった（例：Gladly *would I* accept your invitation if I could.（もし可能であれば，喜んでご招待をお受けするのですが））．しかし，このような文は現代の英語ではほとんどみられない.

たとえば almost（ほとんど），nearly（ほとんど），quite（まったく）などは，通常，中央部位置にしか置かれない．一方，thoroughly（完全に），enormously（莫大に），greatly（大いに）などは中央部位置と後部位置のどちらにも置かれる．ただし，これらの副詞は後部位置に置かれるほうが普通であり，中央部位置に置けるかどうかは動詞によって異なる．たとえば，He enormously *admires* them.（彼は彼らを非常に賞賛している）とはいうが，*The price has enormously *gone* up. とはいわない．

・**時間的位置，期間，相，頻度を表す副詞**

(18) i.	earlier （より早く）	**時間的位置**	✓ she ? had ✓ left ? for Chicago ✓ （彼女はシカゴへ発った）
ii.	temporarily （一時的に）	**期間**	? we ? are ✓ staying ✓ with mother ✓ （私たちは母親と同居している）
iii.	already （すでに）	**相**	? our guests ? are ✓ here ✓ （ゲストがきている）
iv.	often （しばしば）	**頻度**	? he ? would ✓ visit her ✓ （彼は彼女のところによく行ったものだ）

時間的位置を表す副詞は中央部位置に置かれることが好まれる．また，これらの副詞は前部位置に置くこともでき，たいていの場合，後部位置にも置くことができる（ただし，subsequently（後に）のようなやや長い語が（18i）の文の後部位置に置けるかは疑わしい）．期間，相，頻度を表す副詞にも同じことがいえるが，これらの副詞は時間的位置を表す副詞ほど前部位置に置かれることはない．[9]

---

[9] 以下の例のように，副詞の already が前部位置に置かれる場合がある．

(i) There is now at least an even chance that this nation of almost 200 million people will shortly erupt in murderous violence. Already, protests of various sorts have taken place, mostly in provincial cities.

・順序を表す副詞

(19) i. last 順序 *I ?had ✓eaten ✓the previous day *

(最後に) (私はその前日に食べていた)

ii. next 順序 *'Salome' ?was ✓performed ✓in 1926 ?

(つぎに) (『サロメ』は 1926 年に上演された)

順序を表す副詞の again (再び), first (最初に), last (最後に), next (つぎに) は, 前部位置に置かれることはまずない. これらの副詞は時を表す付加詞とともによく使われ, その際には時を表す付加詞の前に置かなければならない. (19ii) の next に関しては, 前部位置に置くこともできなくはないが, Next 'Salome' was performed in 1926. といった場合, next が単に時間的位置の付加詞である解釈 (What happened after that was that 'Salome' was performed in 1926. (その後に何があったかというと, サロメが 1926 年に上演されたということである)) になり, next が順序を表す解釈 (The next time 'Salome' was performed was in 1926. (つぎにサロメが上演されたのは 1926 年であった)) にはならない.

・領域および法性を表す副詞

(20) i. politically 領域 ✓this ?will ?become ?very unpleasant ✓

(政治的に) (これは非常に不快になるであろう)

ii. probably 法性 ✓she ✓will ✓go ✓with them ✓

(おそらく) (彼女は彼らと行くだろう)

(2 億人ほどいるこの国の国民が間もなく怒りを爆発させ, 残忍な暴徒と化す可能性が五分五分である現状にある. すでに, さまざまな抗議デモがたいていは地方都市で行われている)

(i) のように, 好ましくない現状がすでにあり, さらに事態が悪くなると予測されるような文脈では already が文頭にくることができる. この点に関しては, 本シリーズ第 2 巻の『補部となる節, 付加部となる節』を参照.

領域を表す付加詞は前部位置に置かれることが好まれるが，後部位置に置くことも容認される．しかし，中央部位置に置く場合は，通常，音律上分離されなければならない．法性を表す付加詞は中央部位置に置かれることが好まれる．前部位置にも普通に置かれ，後部位置にも置かれることがある（後部位置に置かれる場合はよく音律上分離される）．

・評価および発話行為関連を表す副詞

(21) i. unfortunately **評価** $_{\checkmark}$they $_{?}$had $_{?}$set out $_{?}$too late $_{?}$
（不運にも）（彼らは始めるのが遅すぎた）
ii. frankly **発話行為関連** $_{\checkmark}$this $_{?}$is $_{?}$becoming $_{?}$a joke $_{?}$
（率直にいうと）（これは冗談に聞こえる）

これら両タイプの付加詞はほとんどの場合，音律上分離される．音律上分離されず節内に統合されている場合は，両者とも前部位置に置かれるが，評価を表す付加詞は中央部位置に置かれることも可能である．

・連結を表す副詞

一般的に，連結を表す付加詞はほとんどの場合，音律上分離されて用いられる．この場合，前部位置に置かれることが好まれるが，ほかの選択肢も多くある．たとえば，書き言葉では文中の主語の後ろの位置に置かれることが一般的である（例：The plan, however, had one serious flaw.（しかしながら，この計画には 1 つの重大な欠陥がある））．しかし，これは非常に形式ばった言い方であり，話し言葉ではあまり一般的ではない．また，連結を表す付加詞のなかには，nevertheless のように音律上分離されずに中央部位置に置かれるものもある（例：It nevertheless remains a useful criterion.（それはそれでも有益な基準であることには変わりがない））．so はほとんどの場合，音律上分離されずに前部位置に置かれるという点で例外的である．

■いわゆる「分離不定詞」について

to を含む**不定詞節（infinitival clause）**において，付加詞が動詞の前の中央部位置に置かれる場合には２つの可能性がある．１つは付加詞が to の前に置かれる場合であり，もう１つは to の後ろに置かれる場合である．

(22) i. We ask you [not to leave your seats]. **[to の前]**
(席をお立ちにならないで下さい)
ii. We ask you [to please remain seated]. **[to の後ろ]**
(ご着席したままでお願いします)

(22ii) のように付加詞が to の後ろに置かれる構文は伝統的に**分離不定詞 (split infinitive)** とよばれている．分離不定詞は一世紀以上にわたって**規範 (prescriptive)** とされる文法に合っていないとされてきた．実際，分離不定詞は英語教育においておそらくもっともよく知られた文法トピックである．分離不定詞の使用が非難されているため，多くの作家（や編集者）は分離不定詞を使うことを避け，付加詞を to の前に置くようにしている．つまり，書き言葉では (23ii) の分離不定詞を使った文ではなく，(23i) の文が使われる．

(23) i. a. I want really to humiliate him.
(私は本当に彼に恥をかかせたい)
b. We aim utterly to ignore it. **[to の前]**
(私たちは完全にそれを無視するつもりだ)
ii. a. I want to really humiliate him.
b. We aim to utterly ignore it. **[to の後ろ]**

・合理的根拠のない規範規則

分離不定詞に対して規範的立場から非難がはじまったのは，19 世紀後半になってからである．実際には，分離不定詞はそれより数百年前の文学作品のなかにすでにみられるが，英語の書き言葉で頻繁に使用されるようになったのは 19 世紀になってからである．そして，このような変化を認めない立場の人々によって，分離不定詞を禁止する規則が規範文法に盛り込まれたのである．しかし，分離不定詞がなぜ問題であるのかについては，これまでなんの説明も与えられてこなかった．

この「分離不定詞」という用語は誤解を招く呼び方であることに注意しなければならない．実際には，何も分離されていないからである．ラテン語では動詞に**不定詞形 (infinitive form)** があるが，これが英語では伝統的に [to＋動詞の原形] を用いて訳されている．たとえば，ラテン語の amare は to love と翻訳される．しかし，amare が一語であるのに対し，to love は一語ではなく，2 つの語からなっている．したがって，ラテン語の amare の内部に付加詞を置くことができないことは，to と love の間に付加詞を置くことが文法規則に反するという主張の根拠にはならない．さらに，to love her のような動詞句内においては，直接構成素は to と love her であるため，to love は一語でないどころか，構成素ですらない．[10] したがって，文法的な観点からいえば，to genuinely love her において，付加詞の genuinely は何も「分離」していないのである．

・曖昧さの回避

規範的な規則や提案は，表現をわかりやすくするため，とくに曖昧さを避けるために行われることが多い (たとえば，以下の 7.3 節での only の位置に関する伝統的な規則についての議論を参照)．しかし面白いことに，分離不定詞を避けるという規則に従うと，逆に解釈がはっきりせず，曖昧になる場合が出てくる．

to と後続する動詞の間に置かれる修飾語は常に後続する動詞を修飾する

[10] to 不定詞節の構造の詳細に関しては，本シリーズ第 1 巻の『動詞と非定形節，そして動詞を欠いた節』を参照．

が，to の前に置かれる修飾語は可能性として後続する動詞を修飾する場合もあれば，前にある**主節の動詞（matrix verb）**を修飾する場合もある．まず，解釈が曖昧ではない例をみてみよう．

(24) i. I urge you [to really immerse yourself in the topic].
（私はあなたにそのトピックに本当に集中してとり組むことを勧める）
ii. I hope [eventually to have my own business].
（私はゆくゆくは起業したいと思っている）
iii. I want desperately [to see him again].
（私はどうしてももう一度彼に会いたい）

(24i) では，really は不定詞節内にある．したがって，「あなたが本当に専心する（really immerse）」という意味であって，「私があなたに本当に勧める（really urge）」という意味ではない．また，(24ii) においても eventually は不定詞節に含まれ，have を修飾すると解釈される．つまり，「私が起業する」のは将来のこと（=「ゆくゆくは起業する（eventually have）」）であり，「(そのことを）希望している」のは現在のこと（=「私は希望する（I hope）」）であることになる．一方，(24iii) においては，desperately は不定詞節内の see ではなく主節の want を修飾する解釈になる．つまり，desperately は主節にある（位置的には主節の後部位置にある）．(24ii) と (24iii) の例から，修飾語が同じく主節の動詞と不定詞の to の間に置かれていても，構造的には異なる位置にある可能性があることがわかる．

このことを踏まえ，つぎの例を比べてみよう．

(25) i. The board voted [to immediately approve building it].
（委員会はそれを建設することをすぐに承認することを可決した）
ii. The board voted immediately to approve building it.

(25i) は immediately が approve を修飾する解釈しかない．つまり，「委員会は（もしかすると何か月にもおよぶ反対者との協議の末に）何らかの建設計画をすぐに許可することを決定した」という解釈になる．しかし，(25i) は分離不定詞になっており，規範的規則に反する．そこで，(25ii) のように immediately を to の左側に置くことで，この規則違反を回避することが考えられる．しかし，(25ii) では，immediately が voted と approve のどちらも修飾することができるため，解釈が曖昧になってしまう．そして実際には，この 2 つの可能な解釈のうちはるかに優勢で自然な解釈は，immediately が voted を修飾する解釈，すなわち「委員会はその提案を承認することをすぐに可決した」という解釈である．さらに，副詞 immediately を to の前ではなく後ろのほうにもっていったとしても，曖昧さがなくなるわけではないということにも注意しなければならない．

(26) i. The board voted to approve immediately building it.
　　ii. The board voted to approve building it immediately.

(26i) では，immediately が building を修飾する解釈（「すぐに建設する」）が優勢である．一方，(26ii) では immediately は 3 つの動詞のどれを修飾することも可能であるが，approve を修飾する解釈がもっとも出にくい．したがって，意図した解釈が伝わるようにするためには，分離不定詞を用いた (25i) が分離不定詞を回避したほかのどの文よりもはるかに優れているのである．

・現在の用法

不定詞の to の後ろに修飾語を置く分離不定詞は，話し言葉においても（著名な多くの作家の作品を含む）書き言葉においても，普通にみられる．この位置に置かれる副詞のなかでとくによくみられるものとしては，(23ii) の really や utterly などの程度を表す副詞や actually（実際に），even（～さえ），further（さらに）などがあげられる．

(27) i. I hadn't expected her to almost break the record.

（彼女がもう少しで新記録を達成しそうになるなど夢にも思わなかった）

ii. Following this rule has the potential to actually create ambiguities.

（この規則に従うと，実際に曖昧さが生じる可能性がある）

iii. I wouldn't advise you to even consider accepting their offer.

（私はあなたに彼らの申し出を受け入れることを考慮することさえ勧めるつもりはない）

iv. It's important not to further complicate an already very tense situation.

（すでに非常に緊迫した状況をさらに複雑にしないことが重要である）

これらの例は，問題なく完全に容認される文である．さらに，to の後ろに生じることができるのは副詞だけではないということにも注意しなければならない．たとえば，at least（少なくとも）や in effect（実際に）や in some measure（ある程度）のような前置詞句や one day（ある日）のような名詞句も to の後ろに置くことができる．

現代の語法書では上述のような点を認識しており，「明瞭さが改善し曖昧さを避けることができるのであれば分離不定詞を用いてもよい」という但し書きを必ずともなって規則が示されている．それでもやはり，推敲されたり編集された文章では，分離不定詞を避けるという伝統的な規範規則に違反しないように，付加詞は to の前や後部位置に置かれるように配慮されていることが多いことも確かである．

7.2　形容詞や副詞を修飾する修飾語

限定用法の形容詞句内で用いられる副詞や副詞句の意味タイプは，文中で用いられる場合の副詞や副詞句の意味タイプとほぼ同じである．以下の例で

は，右側に副詞および副詞句が表す意味タイプが示されている.[11]

(28) i. his [quietly confident] demeanor [様態]
(静かな自信に満ちた彼の振る舞い)

ii. their [unintentionally humorous] remarks [行為関連]
(図らずもユーモアに満ちた彼らの発言)

iii. his [internationally famous] daughter-in-law [空間的位置]
(国際的に有名な彼の義理の娘)

iv. his [recently very aggressive] behaviour [時間的位置]
(最近の非常に積極的な彼の行動)

v. his [permanently sullen] expression [継続]
(いつものムスッとした彼の表情)

vi. an [already quite difficult] situation [相]
(すでにきわめて困難な状況)

vii. her [sometimes very harsh] criticisms [頻度]
(時としてとても厳しい彼女の批評)

viii. his [again totally uncomprehending] response [順序]
(またまったく理解していない彼の返答)

ix. an [extremely valuable] contribution [程度]
(きわめて価値のある貢献)

x. the [consequently inevitable] decline [理由]
(結果的に不可避な下落)

xi. their [nevertheless very valid] objection [譲歩]
(それでも非常に妥当な彼らの反論)

xii. the [otherwise preferable] course of action [条件]
(そのほかの点では好ましい活動指針)

[11] 副詞や副詞句のような付加詞の意味タイプに関しては，本シリーズ第 2 巻の『補部となる節，付加部となる節』を参照.

xiii. a [philosophically very naive] argument [領域]
(哲学的には非常に稚拙な議論)

xiv. a [probably unintentional] slight [法性]
(おそらく意図しない軽視)

xv. their [fortunately quite rare] misunderstandings [評価]
(幸運にもきわめて稀な彼らの誤解)

xvi. this [frankly rather unsavoury] character [発話行為関連]
(率直にいってかなり不快なこの人物)

しかし，(28) のような限定用法の形容詞句においては，程度を表す意味タイプが圧倒的に多く用いられる．また，副詞句や叙述用法の形容詞句においては，焦点化を表す副詞の only や even などを除くと，ほとんどの場合，程度を表す副詞が用いられている．さらに，程度を表す修飾語は文レベルよりも形容詞句や副詞句内において使用される頻度がはるかに高い．これは，形容詞や副詞と比べると，動詞の表す意味に段階性を認めることが難しいことが理由として考えられる．このような理由から，以下では程度を表す修飾語に焦点を当ててみていく．[12]

■程度を表す -ly 副詞

非常に多くの副詞が程度を表す修飾語として使われる．以下に程度を表す -ly 副詞の例をあげる．

(29) absolutely (絶対に), amazingly (驚くほど), awfully (非常に), barely (かろうじて), completely (完全に), considerably (かなり), dreadfully (とても), easily (断然), enormously (莫大に), entirely (完全に), exceedingly (きわめて), excessively (過度に),

[12] 程度を表す修飾語の意味分類に関しては，本シリーズ第 2 巻の『補部となる節，付加部となる節』を参照.

extensively（広く），extremely（極端に），fairly（かなり），fantastically（とてつもなく），fully（完全に），greatly（大いに），hardly（ほとんど～ない），highly（大いに），hugely（大いに），immensely（莫大に），incredibly（信じられないほど），infinitely（無限に），intensely（強烈に），largely（大いに），moderately（適度に），nearly（ほとんど），noticeably（著しく），partly（ある程度），perfectly（完璧に），positively（まったく），practically（ほとんど），profoundly（大いに），purely（まったく），really（まったく），reasonably（適度に），relatively（割合に），remarkably（非常に），simply（まったく），slightly（わずかに），strikingly（著しく），strongly（強硬に），sufficiently（十分に），supremely（最大限に），suspiciously（不思議なほど），terribly（ひどく），totally（まったく），tremendously（途方もなく），truly（まったく），unbelievably（信じられないほど），utterly（まったく），virtually（ほとんど），wonderfully（驚くほど）

これらの副詞のなかには，主要な意味は様態であり，程度の意味は二次的であるものもある．以下の例をみてみよう．

(30) i. a. They behaved dreadfully. ［様態］
(彼らはひどい振る舞いをした)
b. I'm dreadfully sorry. ［程度］
(私は非常に申し訳なく思う)
ii. a. He was acting suspiciously. ［様態］
(彼は疑念を抱かせるような行動をしていた)
b. The kids are suspiciously quiet. ［程度］
(その子どもたちは不思議なほど静かである)
iii. a. She solved the problem easily. ［様態］
(彼女は簡単にその問題を解いた)

b. She speaks easily the most fluently. [程度]

(彼女は断トツで一番流暢に話す)

(30ia) の dreadfully は,「とてもひどく (very badly)」(=「ひどいやり方で (in a dreadful manner)」という意味であるが,(30ib) では非常に高い程度 (「極端に (extremely)」) という意味を表している. 同様に,(30iia) の suspiciously は様態の意味 (「疑念を抱かせるようなやり方で (in a manner that gave rise to suspicion)」) を表しているが,(30iib) では不思議なほど子どもたちが静かにしているという程度の意味を表している. suspiciously はこの程度の意味で動詞の修飾語になることはない.

easily は様態を表す副詞として「容易に (with ease)」という意味を表すが,程度を表す副詞としては,主に最上級 ((30iiib) の例) や「十分さ」を表す表現 (enough や sufficient など) とともに使われる (例: easily loud *enough* (十分に大きな声で), easily *sufficient* (過分な)). この場合,形容詞などが表す程度の基準をはるかに超えているという解釈になる. したがって,(30iiib) は「彼女は流暢さにおいてほかをはるかに凌駕している」という意味になる. また,She's easily good *enough.* (彼女はお釣りがくるくらい十分によい) の場合は,この発話において「十分によい」と考えられている必要最低限の基準をはるかに上回るほどよいということを表している.

fairly は適度に程度が高いことを表している (例: The weather has been fairly good. (なかなかいい天候が続いている: fairly = quite (なかなか), reasonably (ほどよく)). この程度を表す意味は,They played fairly. (彼らは公正にプレーした) などにおける様態を表す意味とはまったく異なる. また,程度の意味を表す fairly は形容詞句や副詞句では使われるが,文レベルで使われることはない. たとえば,I quite liked it. (私はそれがずいぶん気に入った) の quite を fairly に置き換えることはできない. ただし,They fairly jumped at the idea. (彼らはその考えに本当に飛びついた) のように,positively (本当に) と同じ意味で用いられる場合は fairly が文レベルでも使われる.

■ -ly 副詞以外の程度を表す副詞

-ly 副詞以外で程度を表す副詞としては，以下のようなものがあげられる．

(31) about（およそ），almost（ほとんど），altogether（まったく），
as-v（同程度に），bloody（ひどく），damn-v（ひどく），
dead-v（まったく），downright（まったく），even-v c（いっそう），
extra-v（余分に），far c（はるかに），how（どれほど），
however（どれほど〜でも），indeed（本当に），jolly-v（とても），
just（ちょうど），least（もっとも〜でない），less（〜ほどではなく），
mighty-v（非常に），more（もっと），most（もっとも），not（〜ない），
outright（完全に），plain-v（まったく），pretty-v（かなり），
quite（まったく），rather（やや），real-v（本当に），so（非常に），
somewhat（いくぶん），still c（さらに），too-v（必要以上に），
very-v（非常に），way c（はるかに），well（十分に），yet c（さらに）

以下では，(31) にあげた副詞についてみていく．

・c でマークされている語

(31) で c でマークされている語は，同等ではない比較を表す要素か，あるいは（ほとんどの場合）too とともに用いられる．以下にいくつか具体例をあげる．

(32) i. **far c:**
far *less* useful（はるかにより有益ではない）
far *too* old（あまりにも年老いた）
*far old

ii. **still c:**
still *better*（さらによりよい）
*still *too* expensive

*still expensive

iii. **way c:**

way *better*（はるかによりよい）

way *too* dangerous（あまりにも危険すぎる）

*way dangerous

つぎの (33) は (32ii) の程度を表す still の例である．

(33) i. I enjoyed the evening but it would have been still better if you had been there.

（夕べは楽しかったが，あなたがいたらなおいっそう楽しかったでしょう）

ii. Tuesday is possible, but Friday would be better, and Sunday better still.

（火曜日は可能だが，金曜日のほうがいいし，日曜日ならなおよい）

この程度を表す意味では，still，even，yet および again は同じであり，too とともに用いられることはない．よって，still too expensive や still expensive は形容詞句の限定用法としては可能であるが，この場合の still は程度ではなく「まだ」という相（アスペクト）的な意味になる（例：still a bit too expensive（まだ少々高すぎる））．

・-v でマークされている語

(31) で -v でマークされている語は，動詞の修飾語としては用いられない．[13] 以下に形容詞の修飾語として使われている例をあげる．

(34) as tall as Kim（キムと同じ背丈），damn rude（ひどく無礼な），

---

[13] 厳密にいえば，-v でマークされる語として more，most，less，least もあげるべきかもしれない．なぜなら，これらは節構造では副詞というよりも限定詞の much と little の比較級および最上級だからである．さらに，否定文で用いられる（程度がゼロであることを表す）not は統語的には程度を表す修飾語ではない．

dead right（まったく正しい），even better（ずっとよい），
extra careful（注意深すぎる），jolly good（非常によい），
mighty generous（とても気前がよい），plain wrong（まったく違う），
pretty stupid（かなりばかげた），real kind（実に親切な），
too big（大きすぎる），very old（非常に年老いた）

しかし，*I as enjoyed it as Kim.，*I damn hated it.，*They dead hit the target. のように動詞を修飾する例は見当たらない．つぎの例のように，as や too や very は動詞を直接修飾するのではなく，much を修飾する．

I enjoyed it as much as Kim.（私はキムと同じくらいそれを楽しんだ）
You indulge yourself too much.（あなたはあまりにも没頭しすぎる）
I regret it very much.（私はそれを非常に後悔している）

pretty もまた much とともに用いられ，「ほとんど（just about）／いくぶん（more or less）」という意味を表す（例：I've pretty much ruined my chances.（チャンスをほとんど棒に振ってしまった））．さらに，still およびその類義語は，much の比較級である more とともに文レベルで用いられる．具体例として，つぎの文を比べてみよう．

I enjoyed the evening but it would have been still better if you had been there.（＝(33i)）
I enjoyed the party, but I would have enjoyed it still more if you had been there.
（私はパーティーを楽しんだが，あなたがいればもっと楽しめただろうに）

damn および jolly は well とともに用いられ，強調の意味をもつ文レベルの修飾語となる（例：I damn/jolly well hope you're right.（あなたが正しいことを切に願います））．

くだけた言い方では，real が really の代わりに用いられることはすでに

みたが，文レベルで用いられるのは really だけである（例：I *really*/**real* like him.（私は彼が本当に好きだ））．dead および plain はごく少数の形容詞としか用いられない．たとえば，dead *bored*（とても退屈だ）とはいうが *dead *interested* とはいわない．また，plain *silly*（まったく愚かだ）とはいうが *plain *bright* とはいわない．さらに，ほんの 1-2 例の定型表現に限られるものもある（例：fast *asleep*（熟睡して），wide *open*（大きく開いて），wide *awake*（すっかり目が覚めて）など）．[14]

too は主に，何らかの条件を満たしたり，何らかの目的を達成したり，また何らかの状況を実現するための極限値をさらに上回る程度であることを意味する．

(35) i. She was too tired to continue.
（彼女は続けることができないほど疲れていた）

ii. We didn't go out: it was too wet.
（私たちは外出しなかった．あまりにも雨がひどかったからである）

(35i) では，疲労の程度が彼女が続けられる極限を越えていたことを表している．したがって，この文は「彼女が継続して行うことができなかった」ということを含意している．この意味で使用される場合，too は間接補部として

[14] 程度を表す修飾語のなかには，動詞ではなく形容詞や副詞を修飾するものがあるため，現代の文法書には，(29) や (31) にあげてある語に「**強意語 (intensifier)**」という独立した語彙的カテゴリーを与えているものもある．しかし，これは伝統的な分析を改善した分析とみなすことはできない．というのも，形容詞句や副詞句において程度を表す修飾語として機能することができる語の総数に比べ，(31) の -v でマークされる語の数は非常に少ないからである．したがって，ここで新たな基本カテゴリーを設けて区別する根拠はない．また，「強意語」という用語は機能を表す用語としても使用されているが，この点も伝統的な「**程度を表す修飾語 (degree modifier)**」という用語よりも適切であるとはいえない．大多数の程度を表す副詞が比較的高い程度を表していることは確かだが，高い程度を表さないものも多数存在する．たとえば，moderately cool（ほどよく涼しい），slightly unusual（少し不自然），barely noticeable（ほとんど気づかない）などの句にある下線部の修飾語に対して「強意語」という用語を用いることは意味的に不適切である．このようなことから，本シリーズでは高い程度を表す語に対してのみ「強意語」という用語を用いる．

(35i) の to continue のような不定詞節や for 句 (例：too valuable *for this kind of use* (このように使うにはあまりにも貴重だ)) をとる．このような間接補部は，条件や目的，あるいは潜在的に起こりうる状況を表すが，明示的に表現される必要はない．たとえば，(35ii) の too wet に対して (間接) 補部が明示されていないが，too wet *to go out* (外出するには雨があまりにもひどかった) であることがわかる．また，くだけた文体では，too はほぼ very (とても) の意味で用いられる (例：You are too kind. (あなたは非常に親切だ), That's too bad. (大変お気の毒です (very unfortunate))．さらに，否定文においては，too は particularly (とくに) の意味で用いられる (例：I *wasn't* too impressed. (とくに感銘を受けなかった), It *wasn't* too bad. (= It was tolerable.) (とくに悪くなかった))．

■ 下位修飾と修飾語の反復

程度の副詞を and などの等位接続詞を用いずに並べて使用することは可能である．その場合，2 つの修飾語のうち一方が他方を修飾する下位修飾か，同一の修飾語が繰り返される反復のいずれかになる．

(36) i. way more useful (はるかにより有益な)
almost unbelievably greedy (ほとんど信じられないほど強欲な)
quite amazingly irresponsible (非常に驚くべきほど無責任な)
just barely alive (ただかろうじて生きている)
not entirely too eager (あまりに熱心すぎてもいない)
bloody nearly completely useless (ほとんどまったく役に立たない)
ii. very, very good (とってもとってもよい)
much, much better (ずっとずっとよい)
far, far more interesting (はるかにより興味深い)

(36ii) では，もっとも反復して使用されやすい副詞が例示されているが，反復されるのはこれらの副詞に限られるわけではない．たとえば，It's quite,

quite beautiful.（それは本当に，本当に美しかった）や You're too, too kind.（あなたは非常に，非常に親切だ）のような表現も可能である．

■程度を表す副詞の位置

程度を表す副詞は一般的に主要部の前に置かれる．しかし，still およびその類義語は，(33ii) の Sunday *better* still. のように主要部の後ろに置かれることもある．さらに，indeed は主要部の後ろに置かれることが好まれる（このことは，indeed がもともと in + deed という前置詞句であったことを反映している）．

(37) We are fortunate indeed to live in such a wonderful country.
（こんな素晴らしい国に住めるなんて，私たちは本当になんて幸運なのだろう）

上記のような例はきわめて形式ばった文体である．そのように形式ばらない場合は，indeed は通常，程度を表す語（多くの場合 very）によって修飾されている主要部を修飾する（例：*very* good indeed（本当にとてもよい））．限定用法の形容詞句においては，indeed を形容詞の後ろに置くことはできないが，さらに名詞の後ろまでもっていくと容認される（例：*a very *good* indeed book vs. a very good *book* indeed（本当にとてもよい本））．

7.3　焦点化を表す修飾語

この章の締めくくりとして，only や also のような焦点化を表す副詞の修飾の仕方についてみていく．

(38) i. You can [only exit from this lane].
ii. Jill had [also attended the history seminar].

書き言葉においては，(38) の 2 つの例はともに解釈が曖昧である．以下に，(38i) と (38ii) がもちうる解釈をあげる．

(39) i. **(38i) の解釈**：

a. “The only thing you can do from this lane is exit”

(あなたがこの車線でできる唯一のことは，この車線から出ることです)

b. “This is the only lane from which you can exit”

(あなたはこの車線からだけ出られます)

ii. **(38ii) の解釈**：

a. “Those attending the history seminar included Jill as well as others”

(歴史のセミナーにはほかの人たちだけでなく，ジルも参加した)

b. “The seminars Jill attended included the one on history as well as others”

(ジルはほかのセミナーだけでなく，歴史のセミナーにも参加した)

c. “The things Jill attended included the history seminar as well as others”

(ジルはほかのいくつかのイベントだけでなく，歴史のセミナーにも参加した)

d. “The things Jill did included attending the history seminar as well as others”

(ジルはいくつかのことをしたが，歴史のセミナーに参加することもした)

たとえば，(38i) の this lane (この車線) が高速道路であれば，(39ia) は「高速道路をそのまま走り続けることはできない」ということを表し，(39ib) は「ほかの車線からは高速道路を出られない」ということを表す．(39iia) は「キムとハットが歴史のセミナーに参加したが，ジルもまた参加した」というような状況を表す．(39iib) に関しては「ジルは哲学のセミナーだけでなく，歴史のセミナーにも参加した」という状況が考えられる．(39iic) では「ジルは何らかの委員会に参加しただけでなく，歴史のセミナーにも参加した」という状況が考えられ，(39iid) では「ジルは意味論の講義をしただけでなく，歴史のセミナーに参加することもした」という状況を表しうる．

(38) の [　] は only と also が修飾している構成素を示しており，下線部は主要部を指している．しかし，(38) は解釈が曖昧であることから，only や also が文にどのような意味をもたらしているのかを理解するためには，これらが修飾する統語的な主要部が何かを理解するだけでは不十分であることがわかる．つまり，これらがどの要素と意味的に関連しているかも理解しなければならないのである．このような要素は**焦点 (focus)** とよばれるため，only や also のような修飾語は焦点化を表す修飾語とよばれる．(38i) が (39ia) の解釈をもつ場合は，exit が焦点になり，(39ib) の解釈をもつ場合は this lane (あるいは単に this) が焦点になる．同様に，(38ii) の 4 つの解釈の焦点は，それぞれ Jill, history, the history seminar, attended the history seminar となる．ただし，(39iia) の焦点である Jill は also が統語的に修飾する主要部 (attended the history seminar) には含まれないことに注意する必要がある．

焦点化を表す修飾語はさまざまなタイプの構成素とともに用いられる．つまり，すべての主要な範疇の句や場合によっては節も焦点化を表す修飾語の焦点になる．さらに，ほとんどの場合，焦点化を表す修飾語は副詞であるため，ここで扱う．

only は「制限」の意味を表し，also は「追加」の意味を表す．そして，これらは焦点化を表す修飾語を代表する主な 2 つの語であるため，以下で 1 つずつ考察していく．その前にまず注意すべきことは，どちらも**分裂文 (cleft clause)** において，be 動詞の補部にはならないということである．

(40) i. *It is only that you can exit from this lane.
　　ii. It is also that Jill had attended the history seminar.

(40i) は非文法的である．一方，文法的である (40ii) は一見分裂文にみえるが分裂文ではない．つまり，Also, Jill had attended the history seminar.

（同じく，ジルも歴史のセミナーに参加した）という意味の分裂文ではない．したがって，(40ii) の be の補部は also ではなく that 以下の内容節である．つまり，(40ii) は It (“the problem”) is that Jill had attended the history seminar.（それ（＝問題）は，ジルが歴史のセミナーに参加したということである）というような文に類するものであって，分裂文ではない．

7.3.1　制限による焦点化を表す修飾語

制限による焦点化を表す修飾語（restrictive focusing modifier） として用いられる副詞には，つぎのようなものがある．

(41)　alone（〜だけ），but（ほんの），exactly（ちょうど），exclusively（もっぱら），just（ちょうど），merely（単に），only（〜だけ），precisely（ちょうど），purely（単に），simply（単に），solely（単に）

■制限による焦点化を表す副詞が修飾可能な要素

焦点化を表す副詞の特徴として，さまざまな要素を修飾できることがあげられる．

(42)　i.　He loves [only his work].　［名詞句］
（彼は自分の作品だけを愛している）

ii.　It's the sort of thing that could happen [only in America].　［前置詞句］
（それはアメリカでのみ起こりうるようなことだ）

iii.　The problem is [only temporary].　［形容詞句］
（その問題はほんの一時的なものだ）

iv.　He agreed [only somewhat reluctantly] to help us.　［副詞句］
（彼はやや不本意ながら，私たちを援助することに同意したにすぎなかった）

v.　He apparently [only works two days a week].　［動詞句］

(彼はどうやら 1 週間に 2 日しか働いていないらしい)

vi. I regret [only that I couldn't be there to see it]. [平叙文]

(私はそれをみるためにそこにいられなかったことだけが心残りだ)

vii. I need to know [only how much it will cost]. [疑問文]

(私はそれがいくらするのかだけ知る必要がある)

viii. I remembered [only what a close shave we'd had]. [感嘆文]

(私はなんて危ないところだったかということだけは覚えていた)

ix. She forbade [only his living there], not just visiting. [動名詞]

(彼女は彼がそこに住むことだけは許さなかったが，訪ねてくることは許した)

x. [Only to help you] would I have anything to do with him. [to 不定詞節]

(あなたを助けるためでなければ，私は彼と関係をもたないだろう)

xi. Things will [only get worse]. [原形不定詞]

(状況は悪化するだけだろう)

xii. We had it [only checked once]. [過去分詞]

(我々は一度それをチェックしてもらっただけだ)

xiii. Only disturb me if there's a genuine emergency. [命令文]

(本当の緊急事態になった場合のみ，私に連絡せよ)

しかし，(41) にあげた副詞は命令文以外のタイプの主節を修飾することができない．only が従属節である that 節を修飾している (42vi) とつぎの (43i) を比較してみよう．

(43) i. A: What's the matter? (どうしたの？)

B: *Just there's nothing to do.

ii. A: What's the matter?

B: There's just nothing to do. (もうお手上げだ)

A の質問に対する B の答えとして，just（あるいは simply や only など）を主節の文に付加することはできない．その代わりに，(43ii) のように just を動詞句内に置くか，あるいは it is を用いて just が that 節を修飾するようにする（つまり，(42vi) のパターンにする）ことはできる（例：It's just that there's nothing to do.（何もすることがないだけだ（＝お手上げだ））．また，焦点化を表す副詞は名詞や小名詞句を修飾することはできない（ただし，名詞句は修飾できる）．たとえば，my only reservation（私の唯一の条件）では，only は形容詞であり，(41) のほかの語と置き換えることはできない．[15]

■ only の解釈

つぎの (44i) のような単純で曖昧ではない例の意味は，(44iia, b) の 2 つの命題に分解できる：

(44) i. Only Kim resigned.（キムだけが辞任した）
 ii. a. "Kim resigned"（キムは辞任した）
  b. "Nobody except Kim resigned"
  （キム以外の誰も辞任しなかった）

(44iia) の命題は**前提（presupposition）**であり，(44iib) は情報の重要な部分，つまり，主要な**主張（assertion）**である．主要命題である (44iib) の except（～以外）の部分に焦点である Kim がきている．

---

[15] 焦点化を表す副詞の修飾に関しては，ほかにも以下にあげるような制限がある．
・**呼びかけ語（vocative element）**は修飾できない：
*Hey, only Pat, would you like one of these biscuits.
・**等位接続詞（coordinator）**は修飾できない：
*You can have cheese and biscuits only or dessert.
（つまり，「両方（cheese and biscuits/dessert）は食べられない」という意味を表せない．）
・イディオムの一部は修飾できない：
*My opponent gave only in.［give in（屈服する）というイディオム］
以上の制約は，追加による焦点化を表す付加詞にも当てはまる（追加による焦点化を表す付加詞に関しては，7.3.2 節で扱う）．

only の解釈に関連する概念が except ではなく more than（～以上）の場合もある．以下の例を比較してみよう．

(45) i. Sue is only a tutor.
 ii. I saw them only yesterday.

(45i) の自然な解釈は「スーは大学の職位のなかでは，個人指導教員という地位であって，それ以上の地位ではない」というものである．また，(45ii) に関しては，「昨日というつい最近 (as recently as yesterday)」と解釈するのが自然である．このように，only には 2 つの概念 (except と more than) が関わる意味があるため，2 種類の解釈が出る可能性がある．たとえば，I've only got a Mini. は文脈によっては「私はミニだけを手に入れた (I've only got one car, a Mini.)」という only が except という概念を含む解釈と，「私が手に入れた車はただのミニだよ (The car I've got is no grander than a Mini.)」という only が more than という概念を含む解釈の 2 つが可能である．実際，(45ii) の例もこの点で曖昧であり，「昨日以外には，私は彼らに会わなかった (Yesterday was the only time I saw them.)」という only が except という概念を含む解釈も可能である．同様に，(45i) も「スーは個人指導教員の仕事しかもっていない (Sue has only one job.)」という only が except という概念を含む解釈が可能である．[16]

■否定

上述したように，(44iia) は前提を表しているが，このことは，否定文にしても (44iia) の命題内容が通常成り立つという事実に反映されている．つぎの例をみてみよう．

---

[16] (i) にあるように，only は if 節も修飾する．

(i) I'll cook only *if you clean up*.
 (あなたがきれいにしてくれさえすれば料理をする)

この点の詳細に関しては，本シリーズ第 2 巻の『補部となる節，付加部となる節』を参照．

(46)　*Not* only Kim resigned.（キムだけが辞任したわけではない）

(46) の否定文では,「キムが辞任したこと（＝前提)」が成り立つことに加え, ほかの誰かも辞任したことを伝えている. しかし, only が not more than (〜以上ではない) という意味で使われている場合, 事情はより複雑になる. たとえば, Sue isn't only a tutor. では「スーは単なる個人指導教員である」ということがいわれている文脈が必要であり, その上でこの文は「彼女は単なる個人指導教員ではなく, 今は何らかのより高い地位にある」と述べていることになる (ただし, ここでは Sue isn't only a tutor. が「彼女はたった 1 つの仕事しかもっていない」ことを否定している解釈は考慮していない). また, (45ii) の only yesterday が「昨日というつい最近 (as recently as yesterday)」の意味を表す場合（＝only が more than の意味をもつ解釈を表す場合）は, only yesterday は否定 not の**領域 (scope)** 内には入らない (つまり,「昨日というつい最近ではない」という解釈にはならない). したがって, I *didn't* see them only yesterday. の自然な解釈は,「私たちが彼らに会ったのは昨日だけではなかった (Yesterday was not the only time I saw them.)」という only が except の意味をもつ解釈となる.[17]

(46) について述べたことから明らかなように, 否定は制限の意味をもつ only と追加の意味をもつ also を関係づけることがわかる. 事実, (46) では辞任した人がほかに**も (also)** いるということになる. このような両者の関係は, also がしばしば not only と相関的に用いられるという事実にも反映されている.

(47)　i.　He not only apologised, he also sent flowers.
　　　（彼は謝罪しただけではなく, 花も送った）
　　ii.　She'll be working late not only today but also every other day

[17] 否定の作用域の詳細に関しては, 本シリーズ第 5 巻の『前置詞と前置詞句, そして否定』を参照.

this week.

(彼女は今日だけでなく，今週は 1 日おきに遅くまで働く予定だ)

同様のことが only や also の類義語についてもいえる．主な組み合わせとしては，simply/merely/just が too とともに使われる例があげられる（例：Not merely was he incompetent, but he was too corrupt.（彼は無能なだけでなく，堕落している））．

■作用域の焦点と情報の焦点

話し言葉においては，焦点化を表す修飾語の焦点には，一般に**強勢（stress）**が置かれる．しかし，焦点化を表す修飾語の焦点に節内の主要な強勢が必ず置かれるというわけではない．

(48) i. They only gave me a SANDWICH for lunch.
ii. Only Kim preferred the ORIGINAL version.

(48i) では，主要な強勢は sandwich（サンドイッチ）に置かれ，これが only の焦点と解釈される．したがって，(48i) は「彼らは私に昼食としてサンドイッチ以外は何もくれなかった (They didn't give me anything except a sandwich for lunch.)」という解釈になる．しかし，(48ii) では only の焦点は Kim であるが，**対照（contrast）**を表すために主要な強勢は original に置かれる．つまり，(48ii) の解釈は「キム以外の誰も初版のほうを好まなかった－ほかのみんなは後続版のほうを好んだ (No one except Kim preferred the original version—everyone else preferred some later version.)」となる．

一般的慣習として，「焦点」という用語は焦点化を表す修飾語がかかる構成要素だけでなく，主要な強勢の置かれる構成要素に対しても用いられる．当然ながら，これは修飾語の焦点になる構成要素に普通は強勢が置かれるためである．しかし，(48) の例からも明らかなように，両者は異なる概念であるため，同一の用語を使用することは混乱を招く恐れがある．よって，両者をそれぞれ「**作用域の焦点**（**scopal focus**）」と「**情報の焦点**（**informational focus**）」とに分けて区別する．後者は主要な強勢の置かれる構成要素を指し，節や**音調グループ**（**intonation group**）における重要な**新情報**（**new information**）を表す.[18]

本節で扱う焦点タイプは作用域の焦点である．焦点化を表す修飾語は作用域を指定する語であり，作用域の焦点はその作用域内で対照化され引き立てられる要素である．たとえば，(48ii) では文全体の意味が only によって影響を受けるため，only の作用域は文全体である．つまり，値の決まっていない変項 x を含む**開放命題**（**open proposition**）の "x preferred the original version"（x が初版のほうを好んだ）に対して，変項 x が Kim に限定されている．したがって，(48ii) では文全体が only の作用域であり，その作用域の焦点が Kim となる．

作用域は常に文のすべての要素を含むわけではない．つぎの例をみてみよう．

(49)　Pat said that <u>only</u> Kim preferred the ORIGINAL version.
（パットはキムだけが初版のほうを好んでいるといった）

(49) では，Pat said that（パットが～といった）という部分は only の作用域の外にある．このことは，Pat も said も only の作用域の焦点にはなりえないことを意味している．そのため，(49) は「キムが初版の方を好んだと，パット以外の誰もいわなかった」というような意味にはならない.[19] 本節の残りの部分では，何も断りがない限り，「焦点」という用語は「作用域の焦点」を指す．

---

[18] 情報構造の詳細に関しては，本シリーズ第 9 巻の『情報構造と照応表現』を参照．

[19] 作用域の概念は焦点化を表す修飾語以外の要素とも関係する．作用域の概念の詳細に関しては，本シリーズ第 2 巻の『補部となる節，付加部となる節』および第 5 巻の『前置詞と前置詞句，そして否定』を参照．

■焦点化を表す修飾語とその焦点の位置関係

焦点化を表す修飾語とその焦点の語順に関して考慮すべき点は，以下の 2 つである．

① 修飾語が焦点に先行するかどうか
② 修飾語が焦点に隣接しているかどうか

これらの 2 点を考慮すると，以下の 4 つの値の組み合わせができる．(50) の二重下線部は修飾語を表し，下線部はその焦点を表す．

(50)

		先行する	隣接する
i.	We found only one mistake.	○	○
ii.	We only found one mistake.	○	×
iii.	Technology alone cannot solve these problems.	×	○
iv.	Technology cannot alone solve these problems.	×	×

これら 4 つの可能性のうちのどれが許容されるかは，どのような焦点化を表す副詞が用いられるかによる．また，修飾語が焦点となる構成要素の内部に置かれることもある．(43ii) がまさにその例であり，There's just nothing to do. では There's nothing to do. という文全体が焦点となっているため，修飾語の just はその内部に置かれていることになる．

・only の位置

only は通常，焦点の前に置かれる．しかし，only は just，purely，simply とは異なり，焦点の後ろに置かれることもある．よって，This is *for your eyes* only. (これはあなただけが読んで) や I'm giving these *to special friends* only. (私は特別な友人にだけこれらをあげている) のような例が可能である．しかし，これらの例はやや形式ばった文体のように思われる．また，主語名詞句内では only が主要部名詞の後ろに置かれることは比較的少ない．そのため，たとえば Kim only went to the movies. は，通常，only が修飾しているのは Kim ではなく went to the movies である解釈（=「キムは映画に行っただけだ」）になる．

only が焦点に先行し，その焦点が動詞句内に含まれる場合，通常 only は焦点と隣接せず，統語的には動詞句全体の修飾語として機能する．たとえば，(50ii) では only が形式上は動詞句の修飾語でありながら，意味的には動詞句内の one mistake を焦点とする解釈（=「私たちは間違いを 1 つだけみつけた」）となる．このように (50ii) のような文は形式と意味のズレが生じるため，規範文法では長きにわたって非難され，書き言葉においては only は焦点の直前に置くべきであると主張されてきた．この点に関しては話し言葉と書き言葉を区別する必要があるということが認識されている．というのも，話し言葉においては，通常，焦点には強勢が置かれるため，何が焦点であるかは明らかだからである（すでに述べたように，通常，作用域の焦点となる要素は主要な強勢が置かれる情報の焦点と一致する）．これに対して，書き言葉においては，通常，強勢に類するものがないため，話し言葉と同じようには意図された焦点を表示できない．それゆえ，規範的にいえば，only を焦点の直前に置くことによって焦点を表示すべきであるということになる．

しかし，これは分離不定詞を禁止する規則のように，よく知られているが実際の用法とは大きくかけ離れた規範規則の 1 つである．著名な作家の作品においても，それに反した用例がみられる．より実例に基づいた指南書はこの点を認識しており，only を焦点の直前に置くという規範規則に従わない数多くの実例を文学作品から引用している．(51) はその一例であり，焦点は下線部によって表示されている．

(51) i. I [only saw Granny <u>at carefully spaced intervals</u>].
(私は注意深く保った間隔でしかおばあちゃんをみなかった)

ii. Boris doesn't eat shanks so, of course, I [only cook them <u>when he's away</u>].

(ボリスはすね肉を食べないので，もちろん私は彼のいないときにだけすね肉を料理する)

これらの例にはまったく問題がないことは明らかである．したがって，only が焦点に隣接していなければならないというような文法規則は存在しない．そして，文体の観点から確かにいえることは，解釈の混乱や間違いを回避せよという一般的なルールは通常通り守るべきであるということである．(51i) においては，only の焦点が下線部の前置詞句ではないことを示す文脈的な手掛かりがない場合，saw や Granny は only の焦点の妥当な候補とはならない．したがって，前置詞句の at carefully spaced intervals が only の意図された焦点であることを示すために，only を隣接させる必要はない．同様に，(51ii) では，接続詞の so と最初の文 (Boris doesn't eat shanks) によって与えられる文脈から，when he's away が意図された焦点であることが明らかである．したがって，only は cook them の後ろ (つまり，when 節の直前) に置かなければならないという主張は大きな間違いである．これらの例はつぎの (52) の例とは対照的であるといえる．(52) の例は (51) の例と比べると，意図された解釈とは異なる解釈がなされる可能性がずっと大きく，それゆえ，only を意図された焦点に隣接させることを推奨するより強い事例となる．

(52) i. You can only access the web at this workstation.
 ii. Last Christmas he only gave money to his children.

(52i) では the web と this が焦点の候補となるため解釈が曖昧である．つまり，(52i) には「このワークステーション (業務用のコンピュータ) では，あなたができることはウェブにアクセスすることだけだ (At this workstation accessing the web is all you can do.)」と「あなたがウェブにアクセスできるのはこのワークステーションだけだ (This is the only workstation at which you can access the web.)」の 2 つの解釈がある．また，(52ii) では money

と children が焦点の候補になり得る．したがって,「彼は金以外の物を子どもたちに与えなかった (He didn't give his children anything except or more than money.)」と「彼が金を与えたのは自分の子どもたちだけだ (His children were the only ones to whom he gave money.)」という 2 つの解釈が可能である．ただし，実際に間違って解釈されるかどうかは，当然ながら文が用いられる文脈によって左右される．

■ alone

・名詞句との関係

alone の統語的振る舞いは，ほかの制限による焦点化を表す副詞とは大きく異なる．焦点と隣接していない場合を除けば，alone は名詞句内の主要部の名詞の後ろにのみ置かれ，その名詞が焦点となる．(53) の対比をみてみよう．

(53) i. a. [Only the president] has the key. ［名詞句］
　　b. [The president alone] has the key.
　　（社長だけがカギをもっている）
ii. a. [Only reluctantly] did he relent. ［副詞句］
　　（彼はただ渋々怒りを収めただけだ）
　　b. *[Reluctantly alone] did he relent.
iii. a. Things can [only improve]. ［動詞句］
　　（状況は好転するだけであろう）
　　b. *Things can [improve alone].

さらに注意すべきことは，(53ia) で主要な強勢が置かれる通常の位置は president であるが，(53ib) では主要な強勢が alone に置かれるということである．

・alone の 2 つの意味：上限と下限

alone は焦点化を表す修飾語として 2 つの意味をもつ．つぎの (54) の例をみてみよう.

(54) i. Los Angeles alone made a profit on the Olympic Games.
"Only Los Angeles made a profit on the Olympic Games"
(ロサンゼルスだけがオリンピックで利益を上げた) **[上限の意味]**

ii. Los Angeles alone has more murders than Britain.
"Los Angeles by itself has more murders than Britain"
(ロサンゼルスだけでイギリスの殺人事件件数を上回る) **[下限の意味]**

(54i) では, alone は only と同義であり,「ロサンゼルスは利益を上げたが,そのほかの都市は利益を上げられなかった」という意味になる.これを「**上限の意味 (upper bound sense)**」とよぶ.なぜなら,この場合の alone はオリンピックで利益をあげた都市に上限を設けているからである ((54i) の場合は利益をあげた都市がロサンゼルス 1 つに制限されている).一方,(54ii) の自然な解釈においては, alone を only と置き換えることができない.(54ii) の自然な解釈は,「ロサンゼルス以外の都市は殺人事件の件数でイギリスを上回らない」というものではなく,「ロサンゼルスで起こった殺人事件の数を数えた場合, それだけでイギリスで起こった殺人件数を上回る」というものである.この場合の alone は「**下限の意味 (lower bound sense)**」を表している.なぜなら,この場合はロサンゼルスを上回ることができないのではなく, ロサンゼルス以外の都市を考慮する必要がないからである.というのも,イギリスよりも殺人事件が多いという条件を満たすには,ロサンゼルスだけで十分 (つまり, ロサンゼルスが下限) であるからである.

これら 2 つの意味のどちらをもつかが曖昧である場合がある.

(55) Musical excellence alone makes the drama memorable.

(55) には 2 つの解釈が可能である.まず上限の意味では,「音楽的に素晴らしいこと以外はその劇を思い出深いものにする要素はない」という解釈になる．つまり，話の筋や会話などのほかの要素はその劇を思い出深いものにしないことを表している．一方，下限の意味では，「音楽があまりにも素晴らしいので，そのほかの要素に関係なく，その劇が思い出深いものになる」という解釈になる．すでに述べたように，only には下限の意味はないが，just は焦点に隣接している場合に下限の意味をもつことができる．以下の例を比較してみよう．

(56) i. They paid her $50,000 for just that one performance.
　　ii. They just paid her $50,000 for that one performance.

(56i) は上限の解釈と下限の解釈のどちらをもつかが曖昧である．上限の解釈は「彼らが彼女に 5 万ドル支払った公演は 1 つしかなかった (There was only one performance that they paid her $50,000 for.)」となり，下限の解釈は「その 1 つの公演だけで彼女は 5 万ドル稼いだ (That one performance on its own earned her $50,000.)」となる．(56ii) には下限の解釈がないが，that one performance 以外に焦点が当たる解釈が可能である (たとえば,「彼らはその 1 つの公演に対して，たった 5 万ドルしか彼女に支払わなかった (They paid her only $50,000 for that one performance.)」のような解釈が可能).

・焦点と隣接していない alone

alone が下限の意味を表し，主語が焦点になっている場合，alone は助動詞の後ろに置かれる場合がある．

(57) i. This surplus is alone larger than the total sales listed for aircraft.
　　(この剰余金だけで，航空機の売り上げ総額を上回る)
　　ii. New interactive technologies cannot alone solve the problems of education.
　　(双方向的な新しい技術だけでは教育問題は解決できない)

■制限による焦点化を表す修飾語が複数用いられる場合

(58) のような例においては，制限による焦点化を表す修飾語を 2 つ以上用いることができる．

(58) i. Only Kim has only one job.
  ii. And just exactly who do you think you are?
  iii. He sacked her purely and simply because he felt threatened by her.

(58i) では，異なる焦点をもつ 2 つの only が使われている．この文の意味は「(文脈的に限定される集団のなかで) キム以外の全員が 2 つ以上の仕事をもっている (Everyone (in some contextually determined set) except Kim has more than one job.)」となる．また，(58ii) では just が exactly を修飾しているが，この 2 つの副詞は実際には同義である．したがって，これは強意のための類語反復の例であり，just exactly か just precisely に限られる．同様に，(58iii) においても purely と simply は同じ意味で使われている．したがって，これは**等位接続された類語反復 (coordinative tautology)** の例であり，焦点化を表す副詞のなかでは，この purely and simply という定型句に限られる．

■部分的に制限する焦点化を表す修飾語

(41) にあげた制限による焦点化を表す修飾語は，修飾する要素を完全に制限するが，(59) のように部分的に制限する修飾語もある．

(59) i. I was concerned mainly about the cost.
  (私は主に出費について心配していた)
  ii. I was mainly concerned about the cost. (同上)

(59) の例では，焦点は the cost，あるいは about the cost である．これらの文は only を用いる場合とは異なり，「私は出費以外は何も (anything except

the cost）心配していない」という意味はなく，「出費と同程度心配しているもの（anything else to the same extent）はほかにない」という意味を表す．つまり，出費と「同程度のもの」という部分的な制限をしていることになるため，「そのほかの心配事は出費に比べると（相対的に）小さい」という意味になる．このような修飾語には，ほかにも以下のものがある（前置詞句もいくつか含まれる）．

(60)　chiefly（主に），especially（とくに），mainly（主に），
mostly（大部分は），notably（とくに），particularly（とくに），
primarily（主に），at least（少なくとも），
for the most part（大部分は），in particular（とくに）

7.3.2　追加による焦点化を表す修飾語

追加による焦点化を表す修飾語（additive focusing modifier）には，前置詞句の in addition（加えて）のほかに，つぎのようなものがある．

(61)　also（～もまた），as well（同様に），too（～もまた），even（～さえ）

そのほかにも，(61) にあげた語と意味的には類似しているが統語的にはより制限がある語として，nor/neither（～もまた～ない）や either（～かまたは～），あるいは（同等）比較を表す similarly/likewise（同様に）や equally（同じ程度に）などがあげられる．これらの語は，(61) の語ほど幅広いタイプの構文において修飾語として用いることはできない．[20]

■追加の意味を表す too と制限の意味を表す only の解釈

too と only を比較することで，追加の意味を表す修飾語の解釈と制限の意味を表す修飾語の解釈の違いがわかる（(44) の分析も参照）．

---

[20] nor，neither，either の詳細に関しては，本シリーズ第 5 巻の『前置詞と前置詞句，そして否定』および第 8 巻の『接続詞と句読法』を参照．

(62) i. a. Kim too resigned.（キムも辞任した）
b. Only Kim resigned.（キムだけが辞任した）
ii. a. "Kim resigned"
b. "Kim resigned"
iii. a. "Someone besides Kim resigned"
（キムのほかにも誰かが辞任した）
b. "No one except Kim resigned"
（キム以外の誰も辞任しなかった）

(62ia) と (62ib) はどちらも「キムが辞任した」こと（=(62ii)）を含意している．一方，追加の意味を表す too と制限の意味を表す only の明確な違いは (62iii) に示されている．しかしこれ以外に，(62ii) と (62iii) の**構成命題 (component proposition)** がそれぞれ何を表すかに関しても違いがある．具体的にいうと，only の場合は (62iiib) の "No one except Kim resigned" が主要な主張であり，(62iib) の "Kim resigned" は背景的な内容となる．一方，too の場合は (62iia) の "Kim resigned" が主要な主張であり，(62iiia) の "Someone besides Kim resigned" は背景的な内容となる．つまり，(62ia) と (62ib) の解釈はつぎのようにまとめられる．

・Kim <u>too</u> resigned.（=(62ia)）
"Kim resigned"（=(62iia)）**[主要な主張]**
"Someone besides Kim resigned"（=(62iiia)）**[背景的な内容]**
・<u>Only</u> Kim resigned.（=(62ib)）
"No one except Kim resigned"（=(62iiib)）**[主要な主張]**
"Kim resigned"（=(62iib)）**[背景的な内容]**

また，(62iib)（=only の背景的な内容）とは異なり，(62iiia)（=too の背景的な内容）は**論理的含意 (entailment)** でも**真理条件 (truth condition)** でもなく，特定の語（ここでは too）がもつ意味から生じる単なる**規約的含意**

(conventional implicature) である．なぜなら，(62ia) の Kim too resigned が唯一偽 (false) となるのは，キムが辞任しなかった場合 (つまり，Kim resigned という (62iia) の主張が成り立たなかった場合) のみであるからである．言い換えれば，キムのほかにも辞任した人がいなかった (つまり，Someone besides Kim resigned という (62iiia) の背景的な内容が成り立たなかった) としても，(62ia) の Kim too resigned は偽にはならない．このことをよりわかりやすく確認するためには，未来の状況を考えてみるとよい．たとえば，Pat will sign the cheque. (パットは小切手にサインするだろう) というあなたの発言に対して，Kim too will sign it. (キムもサインするだろう) と私が答えたとしよう．この場合，実際にはパットはサインしないで，キムだけがサインしたとしても，私の予測 (＝Kim too will sign it.) は偽ではなく真であったと判断されるのは明らかである．

このことに関連してくるのが，否定に関する too と only の解釈の違いである．すでにみたように，(62ib) の Only Kim resigned を否定にした場合，(62iiib) の命題内容に影響を与える ((46) の例についての議論を参照)．つまり，Not only Kim resigned は「キム以外にも辞任した人がいる (there was someone else besides Kim who resigned)」ことを表す．しかし，(62ia) の Kim too resigned を否定にしても，(62iia) の Kim resigned という命題内容は変えずに，(62iiia) の Someone besides Kim resigned という命題内容を否定することはできない．まず，*Not Kim too resigned は非文法的である．そして，Kim too didn't resign の場合は，too は否定の not の作用域の外にある．したがって，Kim too didn't resign を構成する 2 つの命題は，「キムは辞任しなかった (Kim didn't resign)」と「キム以外の人も辞任しなかった (Someone besides Kim didn't resign)」となる．

■ also，too，as well の位置

(63) i. a. Sue also bought a CD.

b. Sue bought a CD too.

ii. a. We plan to visit Paris also.

b. I too think the proposal has merit.

iii. a. Also, it was pouring with rain.

b. I realised too that he was in great pain.

(63ia) のように，also は中央部位置に置かれることが好まれる．また，Sue had also bought a CD. のように，助動詞は also の前に置かれる傾向がある．さらに，(63iia) のように，also は後部位置に置くことも可能である．(63ia) と (63iia) では，also の焦点になれる要素は複数ある．たとえば，(63ia) で also の焦点になれるのは Sue，a CD，bought a CD. であり，(63iia) では We，Paris，to visit Paris，plan to visit Paris. である．くだけた文体では，(63iiia) のように also が前部位置に置かれることがあるが，その場合は節全体が焦点になる．

too は (63ib) にあるように，動詞句内の最後にくることがもっとも多い．この場合，too は (63ia) の also と同じ範囲の焦点をとることができる．さらに，too は節全体を焦点としてとることができるため，(63iiia) は It was pouring with rain too.（また雨が激しく降っていた）と言い換えることもできる．もう 1 つの可能性として，too は (63iib) にあるように，文末にない名詞句の後置修飾語として用いられることがある．ただし，(63iib) と (63ia) は構造的に異なることに注意する必要がある．(63ia) の also は動詞句内の前置修飾語であるのに対し，(63iib) の too は主語の一部であり，I だけを焦点としてとる．また，(63iiib) は動詞の後ろにある焦点 (that 節) の前に too が置かれているかなり稀な例である．しかし，この too が後続する内容節 (that 節) の前置修飾語であると分析する理由はない．この too は動詞 realised の修飾語であり，(63iiib) は I realised suddenly that he was in great pain.（彼がとても痛がっていることが突然わかった）と同じ構造である．

イディオム的な副詞句の as well が置かれる場所は too が置かれる場所と

似ており，動詞句の最後が好まれる．したがって，(63iiib) の too は as well に置き換えることができるが，(63iib) の too の位置には as well はあまり置かれない．さらに，くだけた文体においては，as well は (63iiia) の also のように文頭に置かれ，節全体を焦点としてとることができる．

また，追加という関係は意味的に**等位接続 (coordination)** と密接に関連しており，also，too，as well は等位接続詞の and や but で導かれる等位項のなかで用いられることが多い（例：We saw Kim [and also Pat] at the wedding.（我々は結婚式でキムにもパットにも会った），She was bright [and energetic too/as well].（彼女は聡明であり，快活でもある））．

■ even

even は (61) のほかの 3 つの語(句)(also，as well，too) よりも含意される意味が 1 つ多い．また，それらの語(句)とは異なり，否定することもできる．even の肯定文と否定文をまとめて考察してみよう．

(64) i. a. Even Kim resigned.（キムさえ辞任した）
b. Not even Kim resigned.（キムさえ辞任しなかった）
ii. a. "Kim resigned"（キムは辞任した）
b. "Kim didn't resign"（キムは辞任しなかった）
iii. a. "Someone besides Kim resigned"
（キム以外の人も辞任した）
b. "Someone besides Kim didn't resign"
（キム以外の人も辞任しなかった）
iv. a. "Kim was the one least likely or least expected to resign"
（キムは {もっとも辞任しそうにない／もっとも辞任すると思われない} 人だった）
b. "Kim was the one least likely or least expected not to resign"
（キムは {もっとも辞任しなさそうではない／もっとも辞任しないと

思われていない} 人だった)

(64iia) と (64iiia) の命題は，(62) の too がもつ命題と同じである．この理由で even は追加の意味を表す修飾語に分類される．さらに，これらの命題が何を表すかも too の場合と同じで，(64iia) が主要な主張であり，(64iiia) が背景的な規約的含意である．ただし，(62) の too の場合は，「キム以外の誰かが辞任した」という背景となる情報は先行する文脈から得られるのに対して，even の場合はそのような文脈を必要としない．

また，(64iia) は主要な主張であるため，否定の影響を受ける．したがって，否定文の (64ib) の主要な主張は，(64iia) が否定された (64iib) となる．同様に，(64iiia) の背景的な内容も否定の影響を受ける．したがって，(64ib) の背景的な内容は，(64iiia) が否定された (64iiib) となり，キムは辞任しなかった人のなかに加えられる．

even にはさらにもう 1 つ特有の意味が含意されるが，それが (64iv) である．even が使われた場合，その命題が 1 つまたは複数の関連する命題と比較してより強い，もしくは，より驚くべきことであると判断されていることを表す．よって，(64ia) の Even Kim resigned. の場合，辞任した可能性のある人たち (たとえば何かの委員会や学界のメンバーなど) が暗黙のうちに参照されており，キムはそのなかでもっとも辞任する可能性が低かった人 (あるいはもっとも辞任する可能性が低かったメンバーのなかの 1 人) と考えられていたことを表す．

そのほかの例もみてみよう．

(65) i. Your task will be difficult, maybe even impossible.
(あなたの仕事は難しいだろうし，達成不可能ですらあるかもしれない)
ii. She can't have voted against the proposal: she didn't even attend the meeting.
(彼女はその提案に反対票を投じたはずがない．というのも，彼女は会議に出席すらしていなかったんだから)

iii. We can't even afford to go to the movies, let alone the theatre.
（私たちは演劇はいうまでもなく，映画に行く金銭的余裕すらない）

iv. He smiled, yet even so I sensed a deep terror within him.
（彼は微笑んだが，それでも私は彼の心のなかにある深い恐怖を感じとった）

(65i–iii) では，比較されている要素が両方とも明示されている．たとえば，(65i) では，「あなたの仕事は達成不可能である ((even) impossible)」という主張のほうが「あなたの仕事は達成するのが難しい (difficult)」という主張よりも強いものになっている．(65ii) は一般的な議論の流れを示しており，2 番目（後ろ）にあるより強い命題から導き出される形で否定命題が提示されている．つまり，(65ii) では「彼女が会議に参加しなかった (didn't (even) attend)」という主張のほうが「彼女がその提案に反対票を投じなかった (didn't vote)」という主張よりも強い命題となっている．(65iii) では比較されている 2 つの要素のうち，強いほうの要素 (the movies) が弱いほうの要素 (the theatre) に先行する語順になっており，弱いほうの要素は let alone（～はいうまでもなく）というイディオムによって導入されている（同じように使われる表現としては，never mind（～はもちろん），not to mention（～はいうまでもなく），still less（なおさら～ではない）などがあげられる）．(65iv) の even は代用形の so を修飾しているが，この場合は even though he smiled（たとえ彼が微笑んだとしても）ということになる．つまり，(65iv) は「彼が微笑んだときに私が彼のなかにある深い恐怖を感じとったというのは，仮に彼が微笑まなかった場合にそう感じたのと比べて，より驚くべきことである」ということを表している．[21]

・even の位置

even は (66) にあるように，文中のさまざまな位置に置かれるという点で，

[21] even though や even if の詳細に関しては，本シリーズ第 2 巻の『補部となる節，付加部となる節』を参照．

典型的な焦点化を表す副詞である.

(66) i. Even you would have enjoyed dancing tonight.
(あなたでさえ今夜はダンスを楽しめただろうに)

ii. You would even have enjoyed dancing tonight.
[(i), (iii), (iv) の解釈の間で曖昧]

iii. You would have enjoyed even dancing tonight.
(あなたは今夜ダンスさえ楽しめただろうに)

iv. You would have enjoyed dancing even tonight.
(あなたは今夜でさえダンスを楽しめただろうに)

v. You would have enjoyed dancing tonight, even.
[(ii) と同様]

even は通常, 修飾する主要部の前に置かれるが, くだけた話し言葉においては, (66v) のように修飾する主要部より後ろに置かれることがある. even が動詞句を修飾する場合, 通常, 焦点となり得る要素が複数あるが, 話し言葉においては意図された焦点に強勢が置かれるなど, 音律上表示される. よって, (66ii) で even の焦点になり得る要素は, dancing, tonight あるいは you と複数ある. そして, それらは (66iii), (66iv), (66i) でそれぞれ焦点となる唯一の要素である (つまり, (66iii) の焦点は dancing, (66iv) の焦点は tonight, (66i) の焦点は you に限定される).

・even が複数用いられる場合

稀ではあるが, 1 つの節のなかに even が 2 つ現れることも可能である.

(67) Not even digital tape recorders, which everyone is ballyhooing, can even approach the new adapter format.
(今みんなが大騒ぎしているデジタルテープレコーダーでさえも, 新しいアダプター形式に匹敵することさえできない)

文献情報：もっと知りたい人のために

英文法に関する膨大な文献をカバーする解説書，これをつくるのは私たちにとってほとんど不可能といってもいいくらいの試みである．また，もしできたとしても，かなりの大著になってしまうであろう．本シリーズを準備するにあたって，参照したすべての著作に解説をつけようとするならば，それはそれでページ数を超過してしまうことになるだろう．しかし，本シリーズを執筆するにあたって参考にし，大いに影響を受けた文献が実際にあるわけであり，読者の皆さんがさらに研究を進めるためにどういった文献に目を向ければよいかをここで説明しておくことは，著者としての務めであると考える．とはいうものの，やはりここでの注釈も，また以下にあげる文献も，けっして代表的なサンプルとはいえないし，さらに，本シリーズではここにあげている以外にもたくさんの本や論文にあたり，それらからも有益な情報を得ていることを強調しておきたい．もう1つ明記しておきたいことがある．それは，以下の文献リストにあげられているからといって，私たちがその参考文献の立場を採用しているわけでもなければ，そこでいわれていることが正しいと考えているわけでもないということである．巻によっては，そこで示されている分析を直接使うためではなく，その分析がどう改良できるかを読者の皆さんに考えてもらうために言及した場合もある．そういった場合も，ほかの著者の分析に従って忠実に説明を行っている場合と同じように，本シリーズへの貢献として，適切に評価されるべきことは当然である．（もちろん，本シリーズに間違いや欠点があるとすれば，それは私たち著者のみに帰せられるべきものであることはいうまでもない．）

■英語

英語とその使用に関し，世界中の何千という書物のなかで英語の主要な地域差について概説しているものとして Trudgill and Hannah (1985) がある．また，英語がいかにして現在の国際語としての地位を獲得したかについては Crystal (1997) の解説がある．

■辞書

英語に関する辞書類のなかでもっとも重要なものは *Oxford English Dictionary* (*OED*) 第2版である．これは言語を問わず，これまでに編纂された辞書のなかでもっとも優れ，もっとも完成されたものといえる．アメリカ英語の辞書で，とくに「問題のある語法」にもしかるべき注意を払ったものとして *American Heritage Dictionary* (第4版，2000) がある．オーストラリア英語の標準的辞書で本シリーズでも利用したものとしては *Macquarie Dictionary of Australian English* がある．上記以外にも，実際のコーパスからの優れた用例集で，本シリーズを編纂するにあたって助けとなった辞書に Paul Procter (1995) 編の *Cambridge International Dictionary of English* と John Sinclair (1987) 編の *Collins COBUILD English Language Dictionary* の2冊がある．

■用語集

非常に有益な言語学用語集で，本シリーズで頻繁に活用したものとして，Peter Matthews の *Concise Oxford Dictionary of Linguistics* (Matthews (1997)) と Larry Trask の *Dictionary of Grammatical Terms in Linguistics* (Trask (1993)) の2冊がある．

■文法書

20世紀前半のもっとも完成された英文法書の1つとして Otto Jesperson による7巻本 (1909–1949) があげられる．真摯な英文法学者であれば，誰もが定期的に紐解く著作であろう．それより幾分前に書かれた同類の著作として Poutsma (1926–1929) がある．20世紀後半に出版され，もっとも充実し，もっとも影響力のある文法書としては Quirk et al.（1985）があげられる．同書は，The Survey of English Usage at University College London の調査をもとに，1970 年代初め以来出版されてきた文法書の集大成である．Biber et al.（1999）のコーパスに基づく文法書は基本的に同じ分析手法を用いている．しかし，話しことばと書きことばの文体やレジスターの違いによる異なった構文とそれらの出現頻度を定量的に細かく見ることに，通常の文法書には見られないほどの紙面を割いている．*Collins COBUILD English Grammar* には，さまざまな文法特性を共有する多くの単語リストが掲載されており，非常に有益な文法書である．また，Renaat Declerck の *A Comprehensive Descriptive Grammar of English*（1991a）も本シリーズを編纂するにあたり参考にした文献の 1 つである．変形生成文法学者による英語統語論の包括的な著作は比較的少ないが，そうしたなかでも，Stockwell, Schacter and Partee（1973）はかなり広い射程をもった生成文法初期の共同研究であり，McCawley（1998）は，それ以降に出版された最良にしてもっとも詳しい変形文法に基づく著作となっている．

■語法マニュアル

権威主義的な語法マニュアルの古典的なもので，第 0 巻で批判的に論じたものに Phythian（1979）がある．権威主義的でない，経験的データに基づく現代の著作の好例としては *Merriam-Webster's Dictionary of Contemporary English* があり，本シリーズ執筆にあたっても有益な例文を提供してくれた．*American Heritage Dictionary*（2000）の用例解説もまた有益である．本シリーズが参照したそのほかの語法マニュアルとしては，Fowler の古典 *Modern English Usage* の第 3 版となる Burchfield（1996）や Reader's Digest から出版されている *The Right Word at the Right Time*（1985）がある．

■歴史

第 0 巻でも強調したように，本シリーズは英語の歴史的な説明を目指すものではない．他方，Jespersen（1909–1949）は明らかに歴史的アプローチをとっており，今なお高い価値のある著作である．*OED* も英文法史にかかわる巨大な資料集である．英語統語論の歴史に関する研究としては Visser の 4 巻本 (1963–1973) がきわめて重要である．また，*The Cambridge History of the English Language*（6 巻本 : Hogg（1992–2002））は，英語の歴史に関する綿密な調査書であり，おそらく現在入手できるものとしてはもっとも完成されたものである．

■発音と綴り

本シリーズでは，英語の音声および音韻は扱っていない．ただし，屈折形態にかかわる資料で必要となる音声表記法については，第 10 巻で紹介している．英語の発音についてさらに知りたい人は Wells（1990）を読むことをお薦めする．これは，イギリス英語とアメリカ英語の両方の標準語をカバーする，現在もっとも信頼のおける発音辞典である．音声学の専門知識がない人には，Pullum and Ladusaw（1996）が発音記号とその使い方を知る参考図書として使いやすいであろう．Mountford（1998）は，近年発行された英語の綴りに関する重要な著作であり，第 10 巻で使っている書記記号について重要な概念を紹介している．

■動詞

英語の動詞体系についてこれまで多くの研究がなされてきた．第 1 巻の内容に影響を与えたもっとも重要な著作として Palmer（1987）と Leech（1987）があげられる．時制一般に関する概説書としては Comrie（1985）が，英語の時制にかかわる重要な研究としては Binnick（1991），Declerck（1991b），McCoard（1978）などがある．また，本シリーズで採用している分析と同じ立場に立つ Huddleston（1995a, 1995b）の論文も参照．アスペクトについては，Comrie（1976）および Tobin（1993）を参照．モーダル動詞およびモダリティ一般については，Coates（1983）と Palmer（1990, 2001），さらに Duffley（1994）の *need* と *dare* の特徴を扱った議論を参照．英語の仮定法と関連する研究については Jacobsson（1975）の研究がある．

■節構造と補部

本シリーズ第 2 巻では節構造と補部について扱ったが，そこで参考にした多くの文献のなかでも，とくに，初期の重要な研究としては Halliday（1967–1968）を，便利な概説書としては Matthews（1981）と Dixon（1991）を，そして補文特性についての非常に有用な語彙集としては Levin（1993）をあげておきたい．主題役割に関しては，Wilkins（1988）と Dowty（1991）にある論文で詳しく論じられている．主題役割について概観した文献としては Palmer（1994）を参照．非標準的な構文の主語に関しては Seppänen, Granath and Herriman（1995）が，目的語と述語的補部の区別については Seppänen and Herriman（1997）が有用である．連結節に関しては Declerck（1988）に詳しい説明があり，非常に重要な文献となっている．そのほか，本シリーズでとくに参考にした著作としては，Wierzbicka（1982）の軽動詞に関するものがある．前置詞をともなう動詞についてはさまざまな先行研究があるが，ここではそのなかでもとりわけ，Bolinger（1971），Cattell（1984），Cowie and Mackin（1993）を参考にした．

■名詞

名詞の数と可算性に関する研究として，Reid（1991），Wickens（1992），Allan（1980）などの研究があげられる．性に関して広範に扱った対照言語学的研究としては Corbett（1991）がある．Bauer（1998）は，複合名詞と「修飾語＋主要部名詞」構文の関係について，本シリーズとは異なる見方を提示している．

■限定詞と決定詞

本シリーズでは，限定詞を名詞句構造における主要部としてではなく，ある種の依存要素つまり限定要素として扱っている．これに関して理論的な議論を行っているものとして，Payne (1993) がある．定・不定限定詞の用法については John Hawkins（1991）の研究がある．属格（「所有格」）限定要素については，Roger Hawkins（1981）と Alexiadou and Wilder（1998）に有益な言語資料が収められている．一般的に数量詞（all や some など）として知られている限定詞は，意味論および論理学の分野で極めて重要なテーマとなっており，現代意味論の代表的な研究としては（そうした研究は一般的にとても難解で専門性を要する研究ではあるが），Barwise and Cooper (1981)，Keenan and Stavi（1986），Bach, Jelinek, Kratzer and Partee (1995) などがあげられる．

■名詞句

名詞句（NP）構造に関する一般的な研究としては，変形生成文法の枠組みだと，Jackendoff（1977）と Selkirk（1977）がある．部分詞構文については，Hoeksema（1996）編の論文集で広範に論じられている．NP の定性・不定性については，Reuland and ter Meulen（1987）および Christopher Lyons（1999）で詳しく論じられている．意味的に確定記述としての機能をもつ NP については，これまで言語学者だけでなく哲学者によっても精力的に研究が行われてきた．このテーマに関する論集としては Ostertag (1998) がある．Carlson and Pelletier (1995) には総称名詞句に関する論文がいくつかまとめられている．名詞化については，Lees（1960）および Koptevskaya-Tamm（1993）の研究を，同格については Acuña-Fariña（1999）の研究を参照．

■形容詞と副詞

限定用法の形容詞の位置とその複雑な意味的対応関係に関しては，その重要な文献として Ferris (1993) がある．また，形容詞句および副詞句の内部構造を扱った生成文法の研究に Jackendoff（1977）がある．また，Dixon

(1982) では，英語よりも形容詞の数が圧倒的に少ない言語が存在するのはなぜかという興味深い問題が論じられている．

■前置詞と前置詞句

本シリーズの前置詞に関する記述および前置詞と副詞との区別に関しては，とくに強く影響を受けた変形生成文法に基づく重要文献として，Emonds (1972) と Jackendoff (1973) の 2 つをあげることができる．また前置詞と副詞の違いに関する論考としては，Burton-Roberts (1991) や Lee (1998) なども参照．教育的観点から英語の前置詞の多様な意味と用法を記述した著作としては Hill (1968) が有益である．in front of のような複合前置詞に関する本シリーズの説明に関しては，Seppänen, Bowen and Trotta (1994) からいろいろ影響を受けている．前置詞の意味に関する学際的な研究に関しては Herskovits (1986) を参照．

■付加詞

第 2 巻で付加詞を扱っているが，以下でとりあげる著作以上のものに負うところが大きい．変形生成文法の立場で書かれた入門的なものとしては，Jackendoff (1991) の 9 章，Jackendoff (1995) の 9 章，Baker (1995) の 11 章がある．付加詞の統語論に関するより専門的で理論的な論考としては，Bellert (1977)，Cinque (1999)，(Cinque の説明に対する代案を提示している) Ernst (2001) をあげることができる．特定の付加詞を扱った研究としては，とくに Parsons (1990) の (修飾語一般に関する) 4 章と (時間的修飾語に関する) 11 章，程度修飾語を扱った Bolinger (1972)，頻度修飾語を扱った Lewis (1975)，条件節を扱った Traugott (1986) や Dudman (1994) などをあげることができる．

■否定

否定に関する古典的な変形生成文法研究としては Klima (1964) が，また幅広いデータを扱った生成文法初期の研究としては Stockwell, Schachter and Partee（1973）がある．また，そのほかの変形文法による研究としては McCawley（1998: 17 章）がある．含意の方向性に関する概念および第 5 巻での極性項目の扱いについては，Ladusaw（1980）に負うところが大きい．第 5 巻の増加特定性の説明については，否定に関する多くの意味的特徴を詳述している Horn（1989）をとくに参考にした．

■節タイプと発話の力

発話の力に関する一般的な問題は，言語哲学分野の研究のなかでも，とくに Austin（1962）に端を発している．Cole and Morgan（1975）には，それに関連する論文が収められているが，そのなかでもとりわけ，間接発話行為に関する Searle の論考が重要である．疑問文についてはかなりの数の文献が存在するが，ここであげておきたいものとしては，極性（‘yes/no’）疑問文と選択疑問文の区別に関する Bolinger（1978），多変数疑問文に関する Hirschbühler（1985），不定詞疑問節に関する Duffley and Enns（1996），従属疑問節に関する Ohlander（1986），疑問補文をとる語彙素の意味分類に関する Karttunen（1977），統語範疇としての疑問文と意味範疇としての疑問の区別をより精密に扱っている Huddleston（1994）がある．また，命令文については，Bolinger（1977: 8-9 章）と Davies（1986）を，感嘆文については Elliott（1974）を参照．

■関係詞節の構造

変形文法の枠組みで関係詞節を扱った，包括的かつ重要な研究に McCawley（1981）がある．また，変形を用いない理論的な分析に Sag（1997）がある．Bresnan and Grimshaw（1978）は，融合関係詞（彼らの用語では「自由関係詞」）を扱っている．不定詞目的節と不定詞関係詞節の関係については Green（1992）を参照．関係詞 that の範疇の問題については Auwera（1985）を，（本シリーズの用語でいうところの）統合関係詞節および補足関係詞節の違いについては Jacobsson (1994) を参照.

■非局所的依存関係

変形生成文法初期の文献で，非局所的依存構文に課せられる制約を扱っていて重要なものに，1967 年の自身の博士論文に基づく Ross (1986) がある．変形文法理論の立場から非局所的依存を扱った文献は数多く存在するが，ここではそうした先行研究を振り返ることはしていない．第 7 巻では変形を用いない分析がとられているが，同じ路線のものが Gazdar (1981) や Gazdar et al. (1985) でも提案ならびに展開されている.

■比較構造

比較構文 (第 7 巻) を説明するにあたって本シリーズが参照した文献として，変形生成文法研究の重要な 1 つである Bresnan (1973) および機能主義的な概念を記述に取り入れた Kuno (1981) がある．意味論的な視点を含む研究としては，Allan (1986) および Mitchell (1990) があげられる.

■非定形節

不定詞構文の研究では Mair (1990) と Duffley (1992) が重要である．第 1 巻で紹介した連鎖動詞構文の分析は Palmer (1987: 9 章) に多くを負っている．本シリーズで複合連鎖動詞構文とよんでいるものを包括的に扱った研究としては Postal (1974) を，知覚動詞の連鎖動詞補文をとくに扱った研究としては Akmajian (1977) を参照．動詞およびその補文の主部動詞の屈折に課せられる統語的制約に関しては Pullum and Zwicky (1998) を参照．コントロールの研究としては，それがいかに意味的な現象であるかを示した Sag and Pollard (1991) が有益である.

■等位接続と補足

等位接続全般に関する有益な研究としては Oirsouw (1987) が，言語間の比較対照研究としては Payne (1985) がある．Gazdar et al. (1985: 8 章) では，第 8 巻で紹介したものと同じくらい詳しい（かつかなり専門的な）記述がなされている．等位接続の一般的な特徴をいくつか紹介した文献に Ross (1986) がある．等位接続要素間に求められる近似性の問題については Schachter (1977) が，また統語的に異なる範疇間の等位接続については Sag et al. (1985) を参照．本シリーズで「補足」とよぶ現象については Peterson (1998) を参照.

■情報のまとめ方

第 9 巻で扱った情報パッケージ構文（補文前置，後置，主語・依存詞倒置，右方転移，存在・提示節，長距離受動文）に課せられる語用論的制約については Birner and Ward (1998) で詳しく論じられており，本シリーズの説明の基盤となっている．談話的新情報・旧情報の区別と聞き手の新情報・旧情報の区別に関する議論は Prince (1992) をもとにしている．また，存在文の転移主語に適用される聞き手の新情報条件に関する本シリーズの説明は，Prince (1992) を修正したものとなっている．存在文に関する初期の重要な研究については Erdmann (1976) と Lumsden (1988) を参照．本シリーズの命題肯定に関する議論は Horn (1991) によるところが大きい．左方転移に関する議論は Prince (1997) に負っている．受動文に関しては Tomlin (1986) が有益である．分裂文の機能に関しては Prince (1978) および Delin (1995) に重要な考え方が示されている．また，Collins (1991) にはこれらの構文に関する有益なデータが含まれている．英語のトピックとフォーカスの区別に関する総合的な情報源としては Lambrecht (1994) がお勧めである．

■直示と照応

直示と照応を扱った理論的な研究で重要なものに John Lyons (1977: 11 章) がある．直示については，ほかに，Anderson and Keenan (1985)，Jarvella and Klein (1982)，Fillmore (1997) も参照．照応を変形文法の枠組みで説明したものとしては McCawley（1998: 11 章）が有益であり，照応表現の分類を扱った研究としては Hankamer and Sag (1976) が重要である．英語の照応構文について詳細かつ包括的な記述をしているものに Halliday and Hasan (1976) が，代名詞をとくに取り上げたものに Wales（1996）がある．第 9 巻の再帰代名詞の取り扱いについては，Pollard and Sag（1992），Reinhart and Reuland（1993），Zribi-Hertz（1989）に多くを負っている．強調的再帰代名詞の使用範囲を詳細に扱ったものに Edmondson & Plank（1978）がある．相互代名詞だと，Kim & Peters（1998）が近年の重要な成果としてあげられる．本シリーズの予期的照応の議論は，とくに，Carden（1982）および Mittwoch（1983）によるところが大きい．再帰代名詞と予期的照応については Van Hoek (1997) にためになる議論がある．

■屈折

屈折を論じる際，発音に注意を向ける必要がある．第 10 巻では主に，発音については，Wells（1990）を参考にした．第 10 巻で紹介したような形態論分析の入門としては Matthews（1991）が，また本シリーズのアプローチとは矛盾せず，しかもより専門的な理論にかかわる議論を行っているものとしては Anderson（1992）がある．動詞の形態（およびそのほかの特徴）は Palmer (1987) で詳しく論じられている．形容詞の比較級と最上級の屈折については Rowicka (1987) を参照．接語的助動詞の発音に課せられる統語条件を詳しく論じた理論的研究には，Selkirk（1980, 1984）や Kaisse（1985）がある．

■語彙的語形成

語彙的語形成（第 10 巻）との関連でとくに有益な辞書として，Barnhart et al.（1990）や Knowles（1997）がある．語形成の標準的な研究としては，Jespersen（1909–1949, part vi: Morphology, 1942），Marchand（1969），Adams（1973），Bauer（1983），Szymanek（1989）がある．変形生成文法

の枠組みでの研究としては，Lees（1960），Aronoff（1976），Plag（1999）がある．複合語については Ryder (1994) を，その生産性に関するコーパス研究については Baayen and Renouf (1996) を参照．

■句読法

英語の句読法（第 8 巻）を包括的に扱っているものとして *Chicago Manual of Style* の 5 章をあげることができる．また，よく参考にされるものとして Partridge（1953）がある．句読法だけを扱った便利な本としては，Sumney (1949) と Meyer (1987) がある．後者には句読法のパターンに関する豊富な統計的な情報が含まれている．句読点の規則についてより理論的な議論を行っているものに Nunberg (1990) がある．句読法の歴史については Parkes (1992) を参照．

参 考 文 献

以下の文献リストは，本シリーズ『英文法大事典（全 11 巻）』（原著 *The Cambridge Grammar of the English Language*）で触れているものに限定されている．よく知られている辞書やそのほかの主だった参考書籍は，編者名ではなく書名で示してある．出版都市名は出版社の名称から直接わからない場合に限って記してある．アメリカおよびオーストラリアで出版された著作については，はっきりしない場合に限り，郵便で使う州名の略語を付け加えてある．

Acuña-Fariña, J. C. (1999) "On Apposition," *English Language and Linguistics* 3, 59–81.

Adams, Valerie (1973) *An Introduction to Modern English Word-Formation*, Longman, London.

Akmajian, Adrian (1977) "The Complement Structure of Perception Verbs in an Autonomous Syntax Framework," *Formal Syntax*, ed. by Peter W. Culicover, Thomas Wasow and Adrian Akmajian, 427–460, Academic Press, Orlando, FL.

Alexiadou, Artemis and Chris Wilder, eds. (1998), *Possessors, Predicates and Movement in the Determiner Phrase*, Linguistik Aktuell, 22, John Benjamins, Amsterdam.

Allan, Keith (1980) "Nouns and Countability," *Language* 56, 541–567.

Allan, Keith (1986) "Interpreting English Comparatives," *Journal of Semantics* 5, 1–50.

American Heritage Dictionary of the English Language (2000), 4th ed., Houghton Mifflin, Boston, MA.

Anderson, Stephen R. (1992) *A-Morphous Morphology*, Cambridge University Press, Cambridge.

Anderson, Stephen R. and Edward L. Keenan (1985) "Deixis," *Language Typology and Syntactic Description*, Vol. iii, ed. by Timothy Shopen, 259–309, Cambridge University Press, Cambridge.

Aronoff, Mark (1976) *Word Formation in Generative Grammar*, MIT Press, Cambridge, MA.

Austin, J. L. (1962) *How to Do Things with Words*, Clarendon Press, Oxford.

Auwera, Johan van der (1985) "Relative *That*—a Centennial Dispute," *Journal of*

Linguistics 21, 149–179.

Baayen, H. and A. Renouf (1996) "Chronicling the *Times*: Productive Lexical Innovations in an English Newspaper," *Language* 72, 69–96.

Bach, Emmon, Eloise Jelinek, Angelika Kratzer and Barbara Partee, eds. (1995) *Quantification in Natural Languages*, Kluwer, Dordrecht.

Baker, C. L. (1995) *English Syntax*, 2nd ed., MIT Press, Cambridge, MA.

Barnhart, R. K., C. Steinmetz and C. L. Barnhart (1990) *Third Barnhart Dictionary of New English*, H. W. Wilson, New York.

Barwise, Jon and Robin Cooper (1981) "Generalized Quantifiers and Natural Language," *Linguistics and Philosophy* 4, 159–219.

Bauer, Laurie (1983) *English Word-formation*, Cambridge University Press, Cambridge.

Bauer, Laurie (1998) "When Is a Sequence of Two Nouns a Compound in English?" *English Language and Linguistics* 2, 65–86.

Bellert, Irena (1977) "On Semantic and Distributional Properties of Sentential Adverbs," *Linguistic Inquiry* 8, 337–351.

Biber, Douglas, Stig Johansson, Geoffrey Leech, Susan Conrad and Edward Finegan (1999) *Longman Grammar of Spoken and Written English*, Longman, Harlow.

Binnick, Robert I. (1991) *Time and the Verb*, Oxford University Press, Oxford.

Birner, Betty and Gregory Ward (1998) *Information Status and Noncanonical Word Order in English*, John Benjamins, Amsterdam.

Bolinger, Dwight (1971) *The Phrasal Verb in English*, Harvard University Press, Cambridge, MA.

Bolinger, Dwight (1972) *Degree Words*, Mouton, The Hague.

Bolinger, Dwight (1977) *Meaning and Form*, Longman, London.

Bolinger, Dwight (1978) "Yes-No Questions Are Not Alternative Questions," *Questions*, ed. by Henry Hi˙z, 87–105, Reidel, Dordrecht.

Bresnan, Joan (1973) "Syntax of the Comparative Clause Construction in English," *Linguistic Inquiry* 4, 275–343.

Bresnan, Joan and Jane Grimshaw (1978) "The Syntax of Free Relatives in English," *Linguistic Inquiry* 9, 331–391.

Burchfield, R. W. (1996) *The New Fowler's Modern English Usage*, 3rd ed., Clarendon Press, Oxford.

Burton-Roberts, Noel (1991), "Prepositions, Adverbs and Adverbials," *Language Usage and Description*, ed. by Ingrid Tieken-Boon van Ostade and J. Frankis, 159–172, Rodopi, Amsterdam.

Cambridge International Dictionary of English (1995), ed.-in-chief Paul Procter, Cambridge University Press.

Carden, Guy (1982) "Backwards Anaphora in Discourse Context," *Journal of Linguistics* 18, 361–387.

Carlson, Gregory N. and Francis J. Pelletier, eds. (1995) *The Generic Book*, University of Chicago Press, Chicago.

Cattell, Ray (1984) *Syntax and Semantics 17: Composite Predicates in English*, Academic Press, Orlando, FL.

Chicago Manual of Style (1993), 14th ed., University of Chicago Press.

Cinque, Guglielmo (1999) *Adverbs and Functional Heads*, Basil Blackwell, Oxford.

Coates, Jennifer (1983) *The Semantics of the Modal Auxiliaries*, Croom Helm, London.

Cole, Peter and Jerry L. Morgan, eds. (1975) *Syntax and Semantics 3: Speech Acts*, Academic Press, New York.

Collins, Peter (1991) *Cleft and Pseudo-cleft Constructions in English*, Routledge, London.

Collins, Peter and David Lee (1998) *The Clause in English: In Honour of Rodney Huddleston*, John Benjamins, Amsterdam.

Collins COBUILD English Grammar (1990), Collins, London.

Collins COBUILD English Language Dictionary (1995), ed. John Sinclair, Harper-Collins, New York.

Comrie, Bernard (1976) *Aspect*, Cambridge University Press, Cambridge.

Comrie, Bernard (1985) *Tense*, Cambridge University Press, Cambridge.

Corbett, Greville G. (1991) *Gender*, Cambridge University Press, Cambridge.

Cowie, A. P. and R. Mackin (1993), *Oxford Dictionary of Phrasal Verbs*, Oxford University Press, Oxford.

Crystal, David (1997) *English as a Global Language*, Cambridge University Press, Cambridge.

Culicover, Peter W., Thomas Wasow and Adrian Akmajian, eds. (1977) *Formal Syntax*, Academic Press, Orlando, FL.

Davies, Eirlys E. (1986) *The English Imperative*, Croom Helm, London.

Declerck, Renaat (1988) *Studies on Copular Sentences, Clefts and Pseudo-Clefts*, Louvain University Press, Louvain.

Declerck, Renaat (1991a) *A Comprehensive Descriptive Grammar of English*, Kaitakusha, Tokyo.

Declerck, Renaat (1991b) *Tense in English: Its Structure and Use in Discourse*,

Routledge, London.

Delin, Judy (1995) "Presupposition and Shared Knowledge in *It*-Clefts," *Language and Cognitive Processes* 10, 97–120.

Dixon, Robert M. W. (1982) *Where Have All the Adjectives Gone?: And Other Essays in Semantics and Syntax*, Mouton de Gruyter, Berlin.

Dixon, Robert M. W. (1991) *A New Approach to English Grammar, on Semantic Principles*, Clarendon Press, Oxford.

Dowty, David (1991) "Thematic Proto-Roles and Argument Selection," *Language* 67, 547–619.

Dudman, V. H. (1994) "On Conditionals," *Journal of Philosophy* 3, 113–128.

Duffley, Patrick J. (1992) *The English Infinitive*, Longman, London.

Duffley, Patrick J. (1994) " *Need* and *Dare*: The Black Sheep of the Modal Family," *Lingua* 94, 213–243.

Duffley, Patrick J. and Peter J. Enns (1996) " *Wh*-Words and the Infinitive in English," *Lingua* 98, 221–242.

Edmondson, Jerry and Franz Plank (1978) "Great Expectations: An Intensive Self Analysis," *Linguistics and Philosophy* 2, 373–413.

Elliott, Dale (1974) "Toward a Grammar of Exclamations," *Foundations of Language* 11, 231–246.

Emonds, Joseph E. (1972) "Evidence that Indirect Object Movement Is a Structure-Preserving Rule," *Foundations of Language* 8, 546–561.

Erdmann, Peter (1976) *'There' Sentences in English*, Tudov, Munich.

Ernst, Thomas (2001) *The Syntax of Adjuncts*, Cambridge University Press, Cambridge.

Ferris, D. Connor (1993) *The Meaning of Syntax: A Study in the Adjectives of English*, Longman, Harlow.

Fillmore, Charles W. (1997) *Lectures on Deixis*, CSLI Publications, Stanford, CA.

Gazdar, Gerald (1981) "Unbounded Dependencies and Coordinate Structure," *Linguistic Inquiry* 12, 155–184.

Gazdar, Gerald, Ewan Klein, Geoffrey K. Pullum and Ivan A. Sag (1985) *Generalized Phrase Structure Grammar*, Basil Blackwell, Oxford; and Harvard University Press, Cambridge, MA.

Green, Georgia M. (1992) "Purpose Infinitives and Their Relatives," *The Joy of Grammar: A Festschrift in Honor of James D. McCawley*, ed. by Diane Brentari, Gary N. Larson and L. A. Mcleod, 95–127, John Benjamins, Amsterdam.

Halliday, M. A. K. (1967–1968) "Notes on Transitivity and Theme in English," *Journal of Linguistics* 3, 37–81 and 199–244, and 4, 179–215.

Halliday, M. A. K. and Ruqaiya Hasan (1976) *Cohesion in English*, Longman, London.

Hankamer, Jorge and Ivan A. Sag (1976) "Deep and Surface Anaphora," *Linguistic Inquiry* 7, 391–426.

Haspelmath, Martin (1999) "Explaining Article–Possessor Complementarity: Economic Motivation in Noun Phrase Syntax," *Language* 75, 227–243.

Hawkins, John (1991) "On (In)definite Articles," *Journal of Linguistics* 27, 405–442.

Hawkins, Roger (1981) "Towards an Account of the Possessive Constructions: *NP's N* and *the N of NP*," *Journal of Linguistics* 17, 247–269.

Herskovits, Annette H. (1986) *Language and Spatial Cognition: An Interdisciplinary Study of the Prepositions in English*, Cambridge University Press, Cambridge.

Hill, L. A. (1968) *Prepositions and Adverbial Particles: An Interim Classification, Semantic, Structural and Graded*, Oxford University Press, Oxford.

Hirschbühler, Paul (1985) *The Syntax and Semantics of Wh-Constructions*, Garland, New York.

Hoeksema, Jacob, ed. (1996), *Partitives: Studies on the Syntax and Semantics of the Partitive and Related Constructions*, Mouton de Gruyter, Berlin.

Hogg, Richard M., gen. ed. (1992–2002) *The Cambridge History of the English Language* (6 vols.), Cambridge University Press, Cambridge.

Horn, Laurence R. (1989) *A Natural History of Negation*, University of Chicago Press, Chicago.

Horn, Laurence R. (1991) "Given as New: When Redundant Information Isn't," *Journal of Pragmatics* 15, 305–328.

Huddleston, Rodney (1994) "The Contrast between Interrogatives and Questions," *Journal of Linguistics* 30, 411–439.

Huddleston, Rodney (1995a) "The English Perfect as a Secondary Tense," *The Verb in Contemporary English: Theory and Description*, ed. by Bas Aarts and C. F. Meyer, 102–122, Cambridge University Press, Cambridge.

Huddleston, Rodney (1995b) "The Case against a Future Tense in English," *Studies in Language* 19, 399–446.

Jackendoff, Ray (1973) "The Base Rules for Prepositional Phrases," *A Festschrift for Morris Halle*, ed. by Stephen R. Anderson and Paul Kiparsky, Holt, Rinehart and Winston, New York.

Jackendoff, Ray (1977) *$\bar{X}$ Syntax: A Study of Phrase Structure*, MIT Press, Cambridge, MA.

Jackendoff, Ray (1991) *Semantics and Cognition*, MIT Press, Cambridge, MA.

Jackendoff, Ray (1995) *Semantic Structures*, MIT Press, Cambridge, MA.

Jacobsson, Bengt (1975) "How Dead Is the English Subjunctive?" *Moderna Språk* 69, 218–231.

Jacobsson, Bengt (1994) "Non-Restrictive Relative *That*-Clauses Revisited," *Studia Neophilologica* 62, 181–195.

Jarvella, Robert J. and Wolfgang Klein, eds. (1982) *Speech, Place and Action: Studies in Deixis and Related Topics*, John Wiley, Chichester.

Jespersen, Otto (1909–1949) *A Modern English Grammar on Historical Principles* (7 vols.), Munksgaard, Copenhagen. [Republished, Carl Winter, Heidelberg; George Allen and Unwin, London.]

Kaisse, Ellen (1985) *Connected Speech: The Interaction of Syntax and Phonology*, Academic Press, New York.

Karttunen, Lauri (1977) "Syntax and Semantics of Questions," *Linguistics and Philosophy* 1, 3–44.

Keenan, Edward L. and Jonathan Stavi (1986) "A Semantic Characterization of Natural Language Determiners," *Linguistics and Philosophy* 9, 253–326.

Kim, Yookyung and P. Stanley Peters (1998) "Semantic and Pragmatic Context-Dependence: The Case of Reciprocals," *Is the Best Good Enough?*, ed. by Pila Barbosa, Danny Fox, Paul Hagstrom, Martha McGinnis and David Pesetsky, 221–247, MIT Press, Cambridge, MA.

Klima, Edward S. (1964) "Negation in English," *The Structure of Language: Readings in the Philosophy of Language*, ed. by Jerry A. Fodor and Jerrold J. Katz, 246–323, Prentice-Hall, Englewood Cliffs, NJ.

Knowles, Elizabeth (1997), with Julia Elliot, *The Oxford Dictionary of New Words*, Oxford University Press, Oxford.

Koptevskaya-Tamm, Maria (1993) *Nominalizations*, Routledge, London.

Kuno, Susumo (1981) "The Syntax of Comparative Clauses," *Papers from the 17th Regional Meeting, Chicago Linguistic Society*, ed. by Roberta A. Hendrick, Carrie S. Masek and Mary Frances Miller, 136–155, Chicago Linguistic Society.

Ladusaw, William A. (1980) *Polarity Sensitivity as Inherent Scope Relations*, Garland, New York.

Lambrecht, Knud (1994) *Information Structure and Language Form*, Cambridge University Press, Cambridge.

Lee, David (1998) "Intransitive Prepositions: Are They Viable?" *The Clause in English: In Honour of Rodney Huddleston*, ed. by Peter Collins and David Lee,

133–147, John Benjamins, Amsterdam.

Leech, Geoffrey N. (1987) *Meaning and the English Verb*, Longman, London.

Lees, Robert B. (1960) *The Grammar of English Nominalizations*, Mouton, The Hague.

Levin, Beth (1993) *English Verb Classes and Alternations*, University of Chicago Press, Chicago.

Lewis, David K. (1975) "Adverbs of Quantification," *Formal Semantics of Natural Languages*, ed. by Edward L. Keenan, 3–15, Cambridge University Press, Cambridge.

Lumsden, Michael (1988) *Existential Sentences: Their Structure and Meaning*, Croom-Helm, London.

Lyons, Christopher (1999) *Definiteness*, Cambridge University Press, Cambridge.

Lyons, John (1977) *Semantics* (2 vols.), Cambridge University Press, Cambridge.

Macquarie Dictionary (1991), 2nd ed., ed. by Arthur Delbridge et al., McMahon's Point, NSW, Macquarie Library, Australia.

Mair, Christian (1990) *Infinitival Complement Clauses in English: A Study of Syntax in Discourse*, Cambridge University Press, Cambridge.

Marchand, Hans (1969) *The Categories and Types of Present-Day English Word-Formation*, Beck, Munich.

Matthews, Peter H. (1981) *Syntax*, Cambridge University Press, Cambridge.

Matthews, Peter H. (1991) *Morphology*, 2nd ed., Cambridge University Press, Cambridge.

Matthews, Peter H. (1997) *The Concise Oxford Dictionary of Linguistics*, Oxford University Press, Oxford.

McCawley, James D. (1981) "The Syntax and Semantics of English Relative Clauses," *Lingua* 53, 99–149.

McCawley, James D. (1998) *The Syntactic Phenomena of English*, 2nd ed., University of Chicago Press, Chicago.

McCoard, Robert W. (1978) *The English Perfect: Tense-choice and Pragmatic Inferences*, North-Holland, Amsterdam.

Merriam-Webster's Dictionary of Contemporary English Usage (1994), Merriam-Webster, Springfield, MA.

Meyer, Charles F. (1987) *A Linguistic Study of American Punctuation*, Peter Lang, New York.

Mitchell, Keith (1990) "On Comparisons in a Notional Grammar," *Applied Linguistics* 11, 52–72.

Mittwoch, Anita (1983) "Backward Anaphora and Discourse Structure," *Journal of*

Pragmatics 7, 129–139.

Mountford, John D. (1998) *An Insight into English Spelling*, Hodder and Stoughton Educational, London.

Nunberg, Geoffrey (1990) *The Linguistics of Punctuation*, CSLI Publications, Stanford, CA.

Ohlander, S. (1986) "Question-Orientation versus Answer-Orientation in English Interrogative Clauses," *Linguistics across Historical and Geographical Boundaries*, Vol. ii: *Descriptive, Contrastive and Applied Linguistics*, ed. by D. Kastovsky and A. Szwedek, 963–982, Mouton de Gruyter, Berlin.

Oirsouw, Robert R. van (1987) *The Syntax of Coordination*, Croom Helm, London.

Ostertag, Gary, ed. (1998) *Definite Descriptions: A Reader*, MIT Press, Cambridge, MA.

Oxford English Dictionary (1989), 2nd ed. (20 vols.), prepared by J. A. Simpson & E. S. C. Weiner, Oxford University Press, Oxford.

Palmer, F. R. (1987) *The English Verb*, 2nd ed., Longman, London.

Palmer, F. R. (1990) *Modality and the English Modals*, Longman, London.

Palmer, F. R. (1994) *Grammatical Roles and Relations*, Cambridge University Press, Cambridge.

Palmer, F. R. (2001) *Mood and Modality*, 2nd ed., Cambridge University Press, Cambridge.

Parkes, Malcolm (1992) *Pause and Effect: An Introduction to the History of Punctuation in the West*, Scolar Press, Aldershot.

Parsons, Terence (1990) *Events in the Semantics of English*, MIT Press, Cambridge, MA.

Partridge, Eric (1953) *You Have a Point There*, Routledge and Kegan Paul, London.

Payne, John (1993) "The Headedness of Noun Phrases: Slaying the Nominal Hydra," *Heads in Grammatical Theory*, ed. by Greville G. Corbett, Norman M. Fraser and Scott McGlashan, 114–139, Cambridge University Press, Cambridge.

Payne, John (1985) "Complex Phrases and Complex Sentences," *Language Typology and Syntactic Description*, Vol. ii, ed. by Timothy Shopen, 3–41, Cambridge University Press, Cambridge.

Peterson, Peter (1998) "On the Boundaries of Syntax: Non-Syntagmatic Relations," in Collins and Lee (1998), 229–250.

Phythian, B. A. (1979) *A Concise Dictionary of Correct English*, Teach Yourself Books, London; Littlefield, Adams, Totowa, NJ.

Plag, I. (1999) *Morphological Productivity: Structural Constraints in English Derivation*, Mouton de Gruyter, Berlin.

Pollard, Carl and Ivan A. Sag (1992) "Anaphors in English and the Scope of Binding Theory," *Linguistic Inquiry* 23, 261–303.

Postal, Paul M. (1974) *On Raising*, MIT Press, Cambridge, MA.

Poutsma, Hendrik (1926–1929) *A Grammar of Late Modern English*, Noordhoof, Groningen.

Prince, Ellen F. (1978) "A Comparison of *Wh*-Clefts and *It*-Clefts in Discourse," *Language* 54, 883–906.

Prince, Ellen F. (1992) "The ZPG Letter: Subjects, Definites and Information-Status," *Discourse Descriptions: Diverse Analyses of a Fundraising Text*, ed. by William C. Mann and Sandra A. Thompson, 295–325, John Benjamins, Amsterdam.

Prince, Ellen F. (1997) "On the Functions of Left-Dislocation in English Discourse," *Directions in Functional Linguistics*, ed. by Akio Kamio, 117–143, John Benjamins, Amsterdam.

Pullum, Geoffrey K. and William A. Ladusaw (1996) *Phonetic Symbol Guide*, 2nd ed., University of Chicago Press, Chicago.

Pullum, Geoffrey K. and Arnold Zwicky (1998) "Gerund Participles and Head-Complement Inflection Conditions," *The Clause in English: In Honour of Rodney Huddleston*, ed. by Peter Collins and David Lee, 251–271, John Benjamins, Amsterdam.

Quirk, Randolph, Sidney Greenbaum, Geoffrey Leech and Jan Svartvik (1985) *A Comprehensive Grammar of the English Language*, Longman, London.

Reader's Digest (1985) *The Right Word at the Right Time: A Guide to the English Language and How to Use it*, Reader's Digest, London.

Reid, Wallis (1991) *Verb and Noun Number in English: A Functional Explanation*, Longman, London.

Reinhart, Tanya and Eric Reuland (1993) "Reflexivity," *Linguistic Inquiry* 24, 657–720.

Reuland, Eric and Alice ter Meulen, eds. (1987) *The Representation of (In)definiteness*, MIT Press, Cambridge, MA.

Ross, John R. (1986) *Infinite Syntax!*, Erlbaum, Hillsdale, NJ.

Rowicka, G. (1987) "Synthetical Comparison of English Adjectives," *Studia Anglica Posnaniensa* 20, 129–149.

Ryder, M. E. (1994) *Ordered Chaos: The Interpretation of English Noun-Noun Compounds*, University of California Press, Berkeley.

Sag, Ivan A. (1997) "English Relative Clause Constructions," *Journal of Linguistics* 33, 431–483.

Sag, Ivan A., Gerald Gazdar, Thomas Wasow and Steven Weisler (1985) "Coordination and How to Distinguish Categories," *Natural Language and Linguistic Theory* 3, 117–171.

Sag, Ivan A. and Carl Pollard (1991) "An Integrated Theory of Complement Control," *Language* 67, 63–113.

Schachter, Paul (1977) "Constraints on Coordination," *Language* 53, 86–103.

Searle, John R. (1975) "Indirect Speech Acts," in Cole and Morgan (1998), 59–82.

Selkirk, Elisabeth O. (1977) "Some Remarks on Noun Phrase Structure," in Culicover, Wasow and Akmajian (1977), 285–316.

Selkirk, Elisabeth O. (1980) *The Phrase Phonology of English and French*, Garland, New York.

Selkirk, Elisabeth O. (1984) *Phonology and Syntax: The Relation between Sound and Structure*, MIT Press, Cambridge, MA.

Seppänen, Aimo, Rhonwen Bowen and Joe Trotta (1994) "On the So-Called Complex Prepositions," *Studia Anglica Posnaniensia* 29, 3–29.

Seppänen, Aimo, Solveig Granath and Jennifer Herriman (1995) "On So-Called "Formal" Subjects / Objects and "Real" Subjects / Objects," *Studia Neophilologica* 67, 11–19.

Seppänen, Aimo and J. Herriman (1997) "The Object / Predicative Contrast and the Analysis of "She Made Him a Good Wife"," *Neuphilologische Mitteilungen* 98, 135–146.

Stockwell, Robert P., Paul Schachter and Barbara Hall Partee (1973) *The Major Syntactic Structures of English*, Holt, Rinehart and Winston, New York.

Sumney, G. (1949) *Modern Punctuation*, Ronald Press, New York.

Szymanek, B. (1989) *Introduction to Morphological Analysis*, Panstwowe Wydawnictwo Naukowe, Warsaw.

Tobin, Yishai (1993) *Aspect in the English Verb*, Longman, London.

Tomlin, Russell S. (1986) *Basic Word Order: Functional Principles*, Croom Helm, London.

Trask, R. L. (1993) *A Dictionary of Grammatical Terms in Linguistics*, Routledge, London.

Traugott, Elizabeth C., ed. (1986) *On Conditionals*, Cambridge University Press, Cambridge.

Trudgill, Peter and Jean Hannah (1985) *International English: A Guide to Varieties of Standard English*, 2nd ed., Edward Arnold, London.

Van Hoek, Karen (1997) *Anaphora and Conceptual Structure*, University of Chicago Press, Chicago.

Visser, F. T. (1963–1973) *An Historical Syntax of the English Language* (4 vols.), E. J. Brill, Leiden.

Wales, Katie (1996) *Personal Pronouns in Present-day English*, Cambridge University Press, Cambridge.

Wells, John C. (1990) *Longman Pronunciation Dictionary*, Longman, London.

Wickens, Mark A. (1992) *Grammatical Number in English Nouns: An Empirical and Theoretical Account*, John Benjamins, Amsterdam.

Wierzbicka, Anna (1982) "Why Can You *Have a Drink* When You Can't *Have an Eat?" *Language* 58, 753–799.

Wilkins, Wendy, ed. (1988) *Syntax and Semantics 21: Thematic Relations*, Academic Press, New York.

Zribi-Hertz, Anna (1989) "Anaphor Binding and Narrative Point of View: English Reflexive Pronouns in Sentence and Discourse," *Language* 65, 695–727.

索　引

1. 日本語は五十音順に並べてある．英語（などで始まるもの）はアルファベット順で，最後に一括してある．
2. ～は直前の見出し語を代用する．
3. 数字はページ数を示す．

[あ行]

[か行]

［さ行］

［た行］

[は行]

［ま行］

［や行］

［ら行］

［英語］

原著者・編集委員長・監訳者・訳者紹介

【原著者】

Rodney Huddleston　クイーンズランド大学　名誉教授

Geoffrey K. Pullum　エジンバラ大学　教授

【編集委員長】

畠山雄二　東京農工大学 准教授

【監訳者】

藤田耕司　京都大学 教授

長谷川信子　神田外語大学 教授

竹沢幸一　筑波大学 教授

【責任訳者】

田中江扶　信州大学 准教授

【共訳者】

中島基樹　長野県短期大学 助教

川﨑修一　日本赤十字看護大学 教授

飯沼好永　東海大学 非常勤講師

「英文法大事典」シリーズ　第４巻

形容詞と副詞

著　者	Rodney Huddleston・Geoffrey K. Pullum
編集委員長	畠山雄二
監訳者	藤田耕司・長谷川信子・竹沢幸一
訳　者	田中江扶・中島基樹・川﨑修一・飯沼好永
発行者	武村哲司
印刷所	日之出印刷株式会社

2017 年 10 月 22 日　第 1 版第 1 刷発行©

発行所　株式会社　開 拓 社

〒 113-0023 東京都文京区向丘 1-5-2
電話　(03) 5842-8900（代表）
振替　00160-8-39587
http://www.kaitakusha.co.jp

ISBN978-4-7589-1364-5　C3382